I0348586

www.ingramcontent.com/pod-product-compliance
Lightning Source LLC
Chambersburg PA
CBHW061749070526
44585CB00025B/2838
* 9 7 8 1 6 3 6 6 3 1 1 4 1 *

"The *Illustrated Graded Reader for Biblical Hebrew* is a truly innovative and unique approach to teaching students the vocabulary and grammar of Biblical Hebrew. Through graded, illustrated stories with accompanying videos, students from the middle of their first semester of Hebrew can enjoy and engage with Hebrew narratives that gradually increase in difficulty."

Jacobus A. Naudé and Cynthia L. Miller-Naudé, Senior Professors, Department of Hebrew, University of the Free State, South Africa

"Jesse R. and Merissa Scheumann's *Illustrated Graded Reader for Biblical Hebrew* is a much-welcome resource for Biblical Hebrew. Each story is carefully crafted (often with humor!) and beautifully illustrated to engage the learner and build reading fluency. Both students and instructors will appreciate the many textual, audio, and visual resources that accompany the volumes and provide additional input necessary for learning. What sets this reader in a class above all others, though, is the research and attention to detail that went into writing each story, ensuring faithfulness to the Biblical Hebrew style. The Scheumanns are to be thanked for producing such a useful, much-needed resource."

Jennifer E. Noonan and Benjamin J. Noonan, Professors of Old Testament and Hebrew, Columbia International University

"The *Illustrated Graded Reader for Biblical Hebrew* by Jesse and Merissa Scheumann is an excellent resource for building reading and oral fluency. Because the sixteen texts are complete narratives that gradually grow in difficulty while requiring only first-year vocabulary, I can now eagerly recommend it to my own students for self-study during the summer between first-year and second-year Hebrew!"

John C. Beckman, Associate Professor of Old Testament, Bethlehem College & Seminary

"For some years, Jesse and Merissa Scheumann have produced extremely helpful tools for learning Biblical Hebrew, and now they have significantly upped the ante with their two-volume *Illustrated Graded Reader for Biblical Hebrew*. It will help students acquire the language more quickly and facilitate regular reading habits, leading to greater fluency. Blessed is the student for whom this is an assigned text. And blessed is the student who takes advantage of this resource even if it is not the assigned text for the course."

Paul W. Ferris, Jr., Emeritus Professor of Hebrew Bible, Bethel Seminary

"Simple in its presentation, Scheumanns' *Illustrated Graded Reader for Biblical Hebrew* is grounded in meticulous research. The learner will indeed be swept along delightfully toward fluency in basic Biblical Hebrew."

Jeremiah J. Davidson, Director and Hebrew Professor, The Pastors School at First Baptist Church of Atibaia, Brazil

"This graded and illustrated reader is an amazing pedagogical tool. I have encouraged and used a visual graded approach for two decades and have seen students' comprehension of Biblical Hebrew increase significantly (not to mention their enjoyment of the learning process!). This new tool from the Scheumanns is carefully crafted, both with attention to the theory of language acquisition and with careful background research justifying the Hebrew grammar of the exercises. The illustrations are colorful, elegant, and engaging without being distracting. It's simply a beautiful teaching tool that I look forward to using with students, either as useful mini-diversions from my own textbook or as preparatory exercises coming out of a long semester or summer break."

Robert D. Holmstedt, Professor of Hebrew Bible and West Semitic Languages, University of Toronto

"We all know that students learn through a variety of ways, and yet often we neglect this need. The Scheumanns have thoughtfully integrated visual, audio, and performative modes of learning to make sure every student can succeed. They have given us Hebrew teachers a wonderful resource that makes our job easier!"

Kevin Chau, Senior Lecturer: Hebrew, University of the Free State, South Africa

"Jesse and Merissa Scheumann have provided students of Biblical Hebrew with a great tool for building reading fluency incrementally without dependance on their native tongue. Not only is each story supplemented with audio-visual material online, but each story is also broken down into three nested versions. This embedded approach allows the reader to return to the story multiple times, strengthening what has already been read and enabling the incremental acquisition of new material."

Jacques E. J. Boulet, Professor, Faculté de Théologie Évangélique, Montréal

"The Scheumanns' *Illustrated Graded Reader for Biblical Hebrew* is well-conceived to introduce vocabulary and grammar with strong, clear images. Students will love engaging with biblical stories, and instructors will love the pedagogical sophistication. This reader practically teaches itself, especially when using the online resources that supplement it."

Alex Kirk, Assistant Professor of Old Testament and Hebrew, Beeson Divinity School

"We have long needed simple, engaging reading materials for Biblical Hebrew. Too often, students are asked to read from texts that expect expertise beyond their abilities. At its best, this approach stunts growth. At its worst, it kills it. Scheumanns' *Illustrated Graded Reader for Biblical Hebrew* is a ripe answer to this dearth of materials. Whether you are a new Biblical Hebrew student, or just want to wipe away the cobwebs from years of inactivity, this set deserves to have a place on your shelf."

Tyler Foster, Lecturer in Biblical Languages, New Saint Andrews College

Illustrated Graded Reader for Biblical Hebrew:
Volume I

Jesse R. Scheumann
and Merissa Scheumann

Illustrated Graded Reader for Biblical Hebrew: Volume I

Copyright © 2024 by Jesse R. Scheumann and Merissa Scheumann

Illustration copyright © 2024 by Merissa Scheumann

Published by GlossaHouse

All rights reserved. No part of this publication may be reproduced, stored in a retrieval system, or transmitted in any form by any means, electronic, mechanical, photocopy, recording, or otherwise, without the prior permission of the publisher, except as provided for by USA copyright law.

Cover design: T. Michael W. Halcomb

Cover image: Merissa Scheumann

First printing 2024

Printed in the United States of America

ISBN: 9-781636-631141

www.glossahouse.com

To the students of Sattler College:
we endeavored to do this for all of you,
and we accomplished it with many of you.

ACKNOWLEDGEMENTS

I (Jesse) initially had the idea for a graded reader in 2014, but it was not until January of 2016 that I wrote the first version of these stories to teach my best friend, David Danielson. Without his belief in me as a teacher that year after the class folded, I may not have begun creating Hebrew materials.

Over the next seven summers, I revised the stories as I taught Hebrew at The Bethlehem Institute (2016–2018), Bethlehem College and Seminary (2017–2018), and Sattler College (2018–present). Teaching with the stories constantly shone a light on what lack remained. And one student, Amy Roe, told me about embedded stories (see the preface for an explanation).

During the final editing of the stories in 2021, I benefitted greatly from all the critical feedback from fellow Hebraists (in increasing order of who did the most proofreading): Marcus Leaman, Ben Kantor, Cody Hinkle, Bob Carter, and Bethany Case. And during the draft stage of the book, others pushed us to improve some of the illustrations, companion resources, and book layout: Travis West, Jacques Boulet, Marcus Leaman, and John Beckman.

Bethany helped us solidify the illustration style and book format. Also, her outstanding Youtube channel, Aleph with Beth, was an inspiration for the videos that accompany the stories.

Brevon Miller (*Barukh*), a former student of mine, was a tremendous partner in creating all of the puppet videos. Sattler College gave us unlimited access to their recording studio, and they paid Brevon work-study hours to record with me and to do all of the editing work. Another former student, Maykel Saad, was also a Godsend, as he recorded audio for the first twelve stories (my voice is on the last four). His first language is Egyptian Arabic, so every phoneme of Biblical Hebrew foreign to English is native to him.

Dozens of Sattler Students in 2022–2023 and 2023–2024 came over to our house and posed for pictures and acted out slow-motion videos as the basis for the illustrations. We truly could not have done it without them, and the result is richer for us with all of the memories that fed into it.

Merissa illustrated these volumes in twenty months, an amazing feat for a homeschooling mother of five children. This really was a team effort, and an answer to many prayers that God would enable us to inspire and equip many others to read his Word in Hebrew. Let him receive all of the glory!

CONTENTS

Preface 8

1 The Hungry Couple (default Qal) 11

2 The Proud Man (2nd vav Qal) 25

3 The Tower of Babel (3rd he Qal) 39

4 Samson and the Philistines (default Qal) 53

5 Wise Solomon (default Qal) 69

6 Micah and the Levite (stative Qal) 85

7 Moses Strikes the Rock (3rd he Qal) 99

8 Abram and the Heir (1st yod Qal) 117

PREFACE

After 10 years, this two-volume illustrated reader is done, which contains 16 graded stories that grow incrementally in length and complexity. Each story increases by exactly six words until a word count of 100, when the pace slows down. And every story features 3–4 new bite-size grammar points, 15 new Picture Hebrew Flashcards (after one learns the first 90), and (usually) nine verbs of the same category (indicated in the Contents page).

This is not a graded reader *of* Biblical Hebrew (BH), but rather *for* BH. The reason for this distinction is to accommodate the majority of people who conceive of BH, not more broadly as a language but more narrowly as a body of literature. Other books claim to be graded readers *of* BH. Their approach for creating something "graded" is not nearly as robust as ours, but they do present verbatim Scripture passages for consumption, while even our biblical stories are condensed and edited.

In these two volumes, we employed only the vocabulary of BH, and we endeavored always to write in the style of BH. And so this two-volume reader is *for* BH in both senses. More broadly, it trains students' sensibilities for how BH functions as a language. And more narrowly, it prepares students to enter the literature of the Hebrew Bible once they are finished.

Volume one starts with the basics, allowing students to read the first story by the middle of their first semester. However, these volumes are not limited to beginners. Many who have completed two years of study will still gain Hebrew proficiency, automating their language processing through the use of pictures and ~11 hours of Hebrew videos.

Those who conceive of BH more broadly as a language will not object to the first two stories being fictional. However, anyone might object to how we wrote the first four stories without vayyiqtol, the narrative backbone of the Hebrew Bible. We were intentional to make every sentence grammatical, considering both intra- and inter-clausal connections, but we admit that using qatal to drive forward a narrative is contrived. Nevertheless, the avoidance of vayyiqtol has a pedagogical purpose akin to how English children's books may only use periphrastic constructions to avoid the past tense, employ a lot of repetition, or create awkward phrases with alliteration and assonance. People show grace toward early readers for modern languages, so we request the same tolerance for our reader for BH. If one purchases the accompanying grammar/workbook (likely 2025 publication), the exclusive use of qatal for the first four stories will make more sense.

On the illustrated pages, "speech bubbles" have a beige background for God's speech and a blue background for that of other characters. Direct speech is printed in grayscale. Each right-justified line of text is a full clause, and an indent marks the spillover of a single clause onto a second line.

After the illustrated pages are three embedded versions of the same story, which fit together like Russian nesting dolls. Here, line indentation marks grammatical subordination, and grayscale indicates proper nouns. The first version (a) contains exactly 1/3 of the total word count—taking lines here and there from the final version—and 1/3 of the total new grammar points, vocabulary, and featured verbs. Versions (b) and (c) supply the remaining thirds of the story, adding modifiers and new lines of text. The result is built-in repetition of old material and an accessible, stepped approach to growing in fluency. The final version (c) of the story is what is illustrated.

QR codes link to videos in recommended (counterclockwise) order: (1) teaching the new text through Hebrew Q&A, (2) acting out the story with the text displayed, and (3) reading the story with pictures but no text. On the fourth page are QR codes that link to grammar & translation PDFs. These begin with a thorough analysis of the Hebrew text of the embedded story, followed by a transcript and English translation of the Hebrew Q&A in the teaching video. Those who want to see our justification for how we composed novel sentences in the BH style may view the research PDF. And anyone who prefers viewing the companion videos and PDFs on a computer (instead of a smart phone) can use the following link: https://shorturl.at/pHErF.

We recommend working through the embedded stories (with videos) in consecutive order before reading the illustrated pages. Intermediate students (and beyond) will be able to use this book on its own. Beginners should use the accompanying Picture Hebrew Flashcards and grammar/workbook.

1

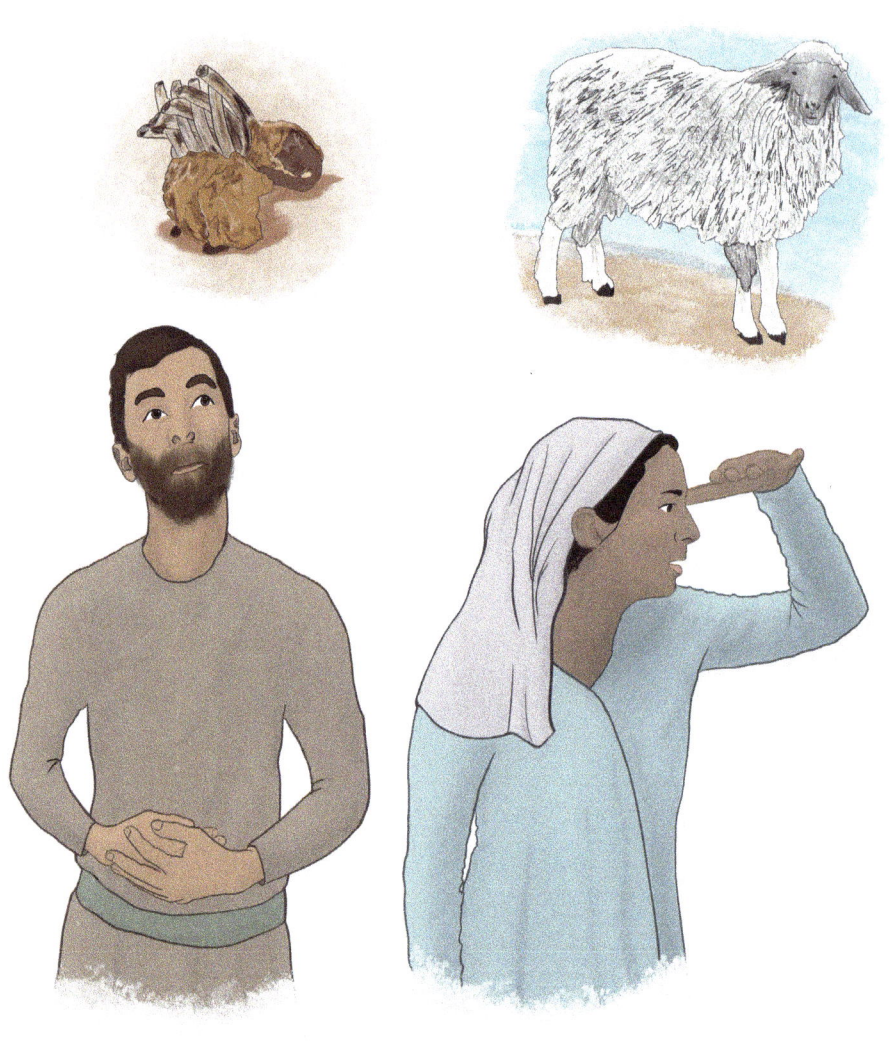

אִישׁ וְאִשָׁה בִקְשׁוּ כֶ֫בֶשׂ
כִּי אָהֲבוּ בָּשָׂר

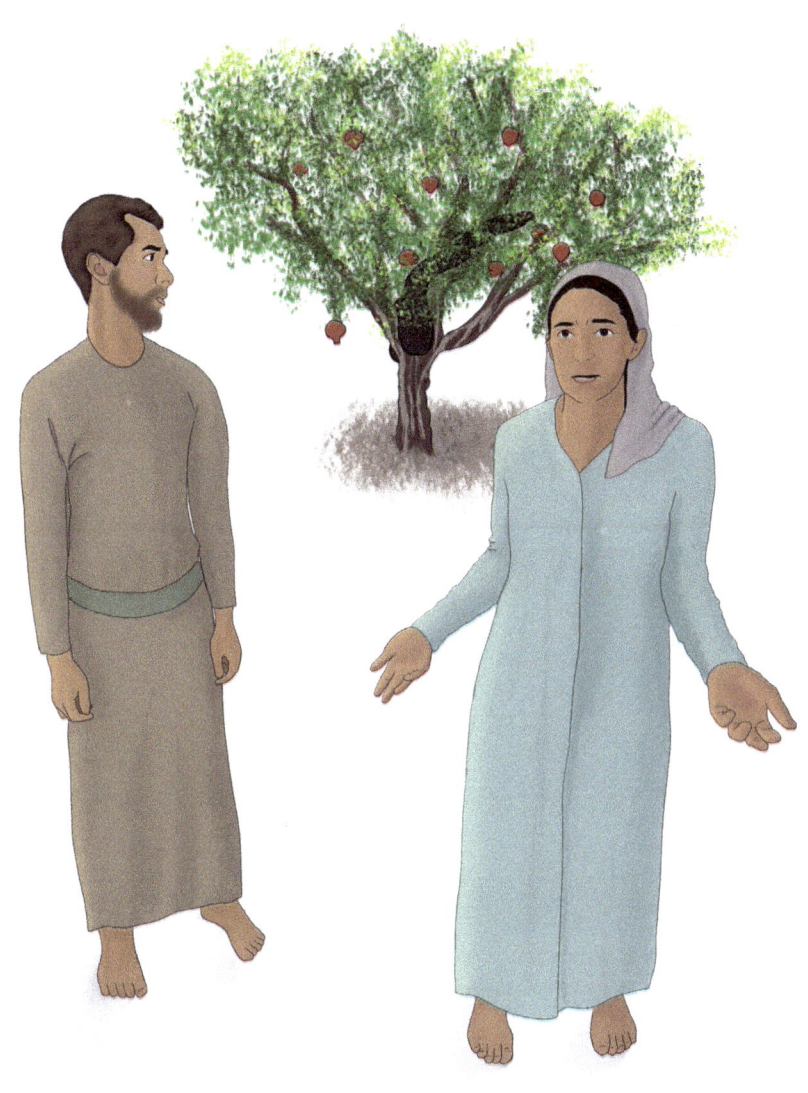

וְלֹא־מָצְאוּ מְא֫וּמָה כִּי אִם־עֵץ פְּרִי

אָז שָׁמְעוּ קוֹל נָחָשׁ

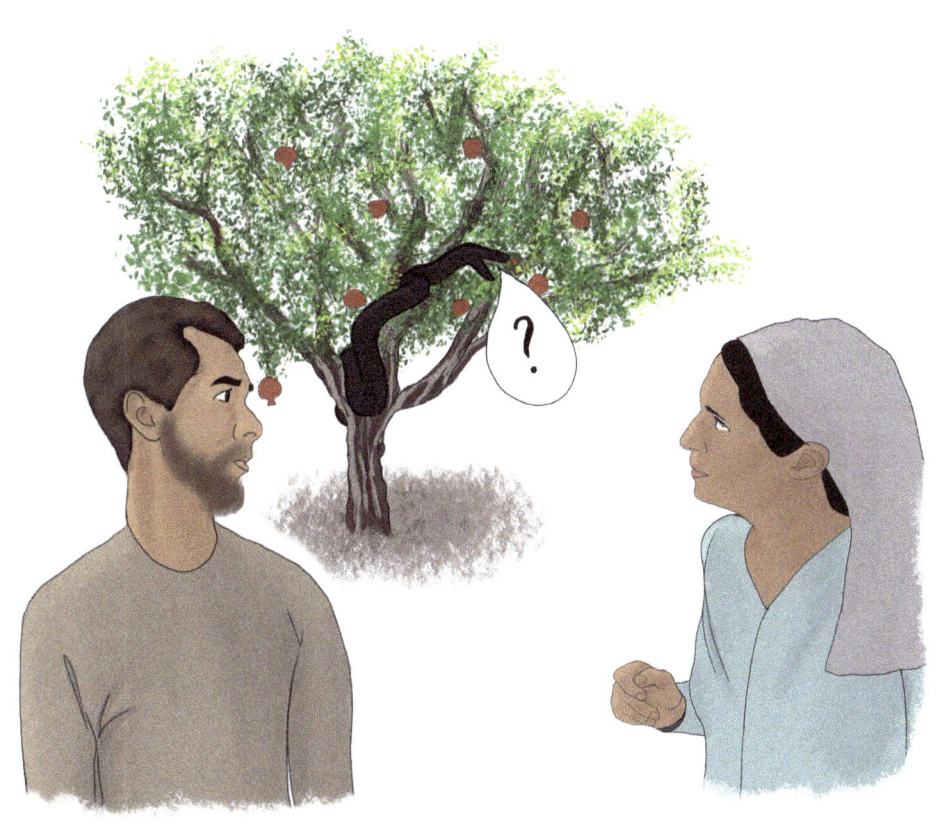

וְהִנֵּה הַנָּחָשׁ שֹׁאֵל אֹתָם לֵאמֹר

אַף כִּי־אָמַר אֱלֹהִים

וְהָאִשָּׁה קָרְבָה אֶל־הָעֵץ

וְאַחֲרֵי־כֵן שָׁלְחָה יָדָהּ

וְגַם לָקְחָה אֶת־הַנָּחָשׁ

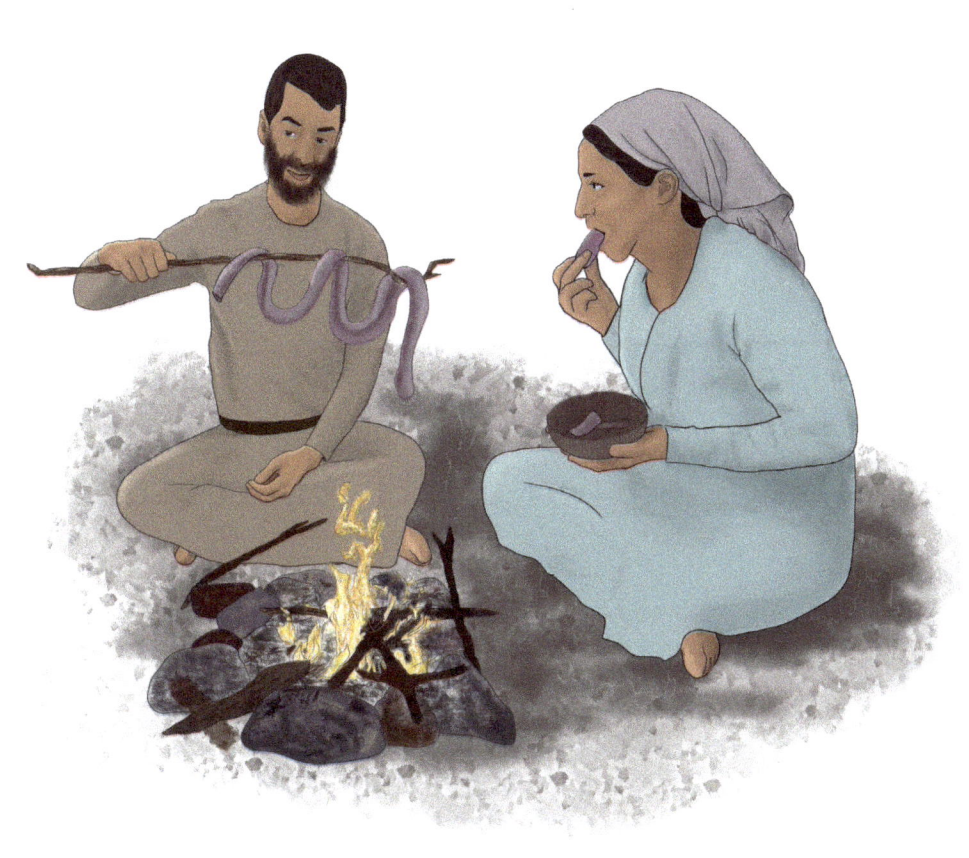

וְהֵם אָכְלוּ אֹתוֹ

Acting

(1a) The Hungry Couple

Teaching

א) אִישׁ וְאִשָּׁה בִּקְשׁוּ כֶּ֫בֶשׂ

ג) וְלֹא־מָצְאוּ

ד) אָז שָׁמְעוּ קוֹל נָחָשׁ

ז) וְהָאִשָּׁה קָרְבָה אֶל־הָעֵץ

Reading

Acting

(1b) The Hungry Couple

Teaching

א) אִישׁ וְאִשָּׁה בִּקְשׁוּ כֶּבֶשׂ

ג) וְלֹא־מָצְאוּ

ד) אָז שָׁמְעוּ קוֹל נָחָשׁ

ה) וְהִנֵּה הַנָּחָשׁ שָׁאַל אֹתָם לֵאמֹר

ו) אַף כִּי־אָמַר אֱלֹהִים

ז) וְהָאִשָּׁה קָרְבָה אֶל־הָעֵץ

ט) וְגַם לָקְחָה אֶת־הַנָּחָשׁ

Reading

(1c) The Hungry Couple

Acting

Teaching

א) אִישׁ וְאִשָּׁה בִּקְשׁוּ כֶּבֶשׂ

ב) כִּי אָהֲבוּ בָּשָׂר

ג) וְלֹא־מָצְאוּ מְאוּמָה כִּי אִם־עֵץ פְּרִי

ד) אָז שָׁמְעוּ קוֹל נָחָשׁ

ה) וְהִנֵּה הַנָּחָשׁ שָׁאֵל אֹתָם לֵאמֹר

ו) אַף כִּי־אָמַר אֱלֹהִים

ז) וְהָאִשָּׁה קָרְבָה אֶל־הָעֵץ

ח) וְאַחֲרֵי־כֵן שָׁלְחָה יָדָהּ

ט) וְגַם לָקְחָה אֶת־הַנָּחָשׁ

י) וְהֵם אָכְלוּ אֹתוֹ

Reading

1b Translation

1a Translation

1c Translation

1 Research

2

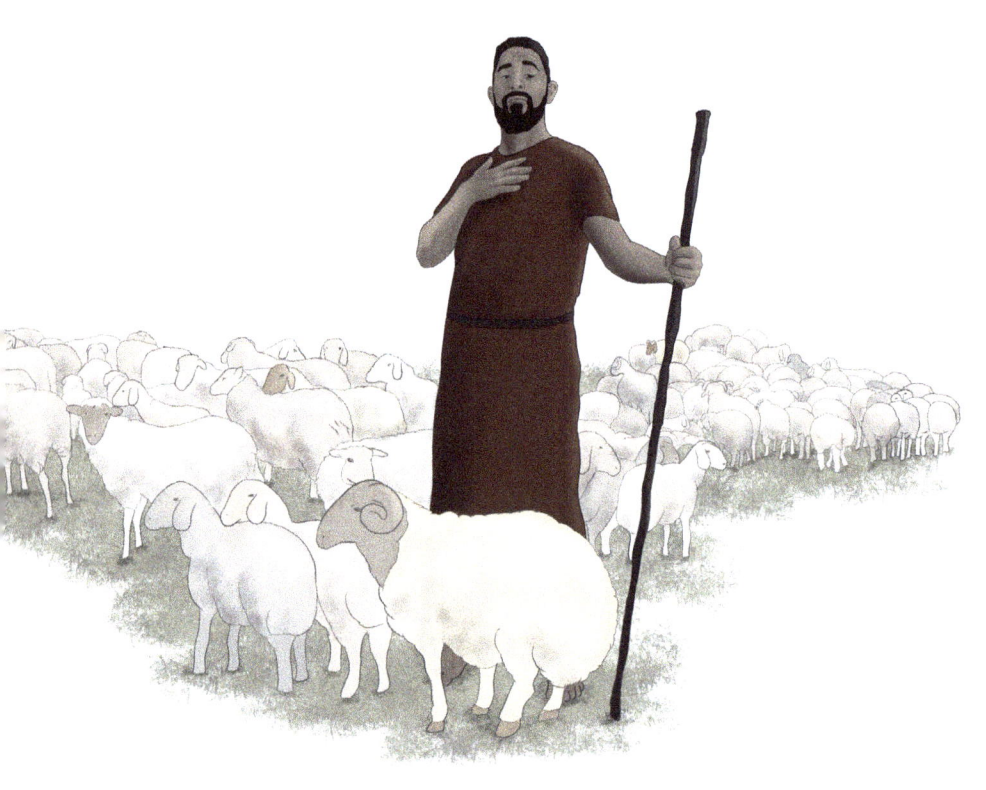

לְאִישׁ הָיוּ כְבָשִׂים רַבִּים
לָכֵן רָם לְבָבוֹ

וְגַם־אָמַר
שָׁלוֹם לִכְבָשַׂי

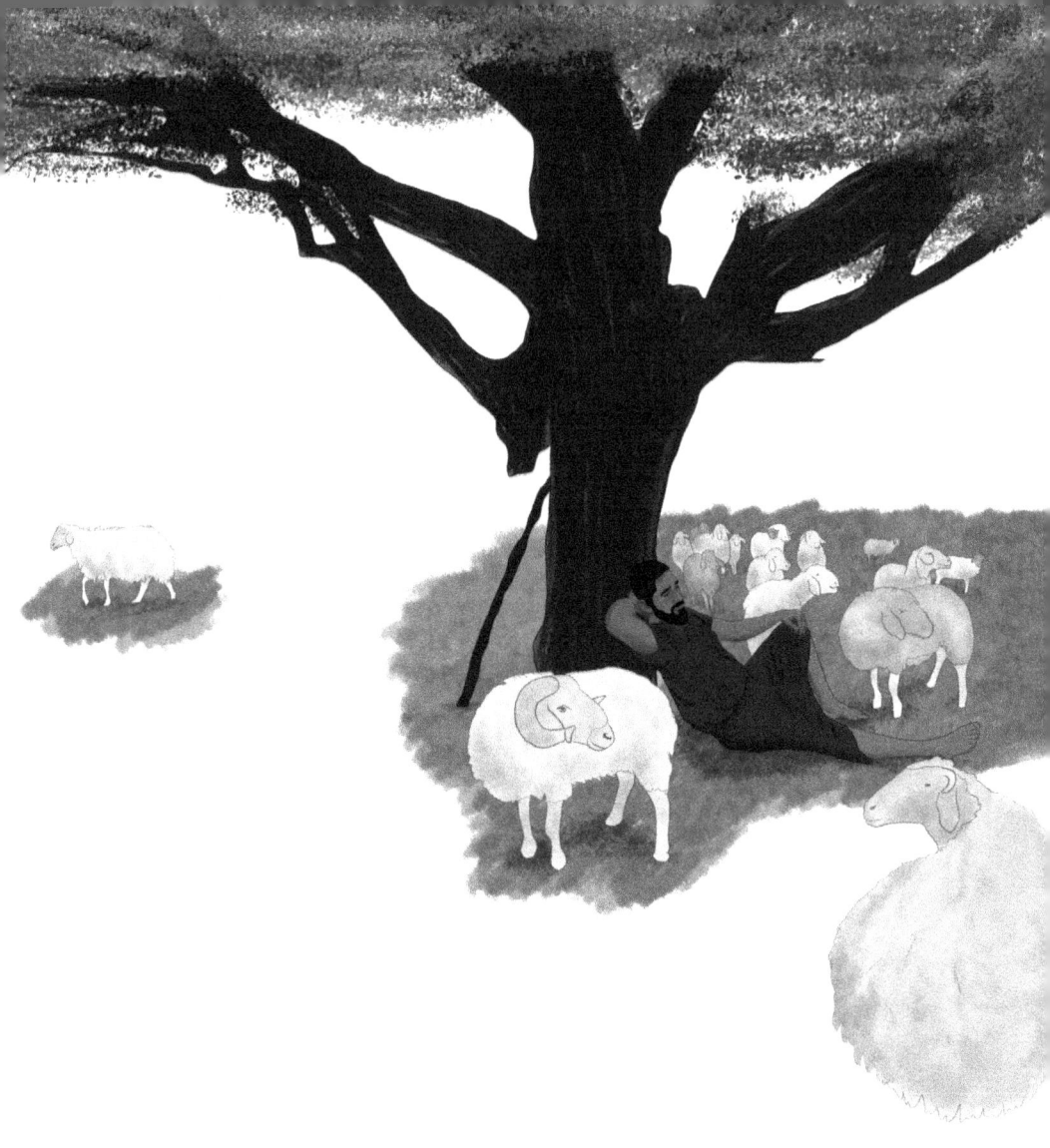

וְאַחֲרֵי־כֵן נָח בְּתוֹךְ־צֹאנוֹ
אָז סָר מִמֶּ֫נּוּ כֶּ֫בֶשׂ אֶחָד

וְהִנֵּה קוֹל גָּדוֹל

וְהָאִישׁ קָם

וְגַם רָץ אֶל־כִּבְשׂוֹ

וְהִנֵּה אַרְיֵה רָעֵב בָּא

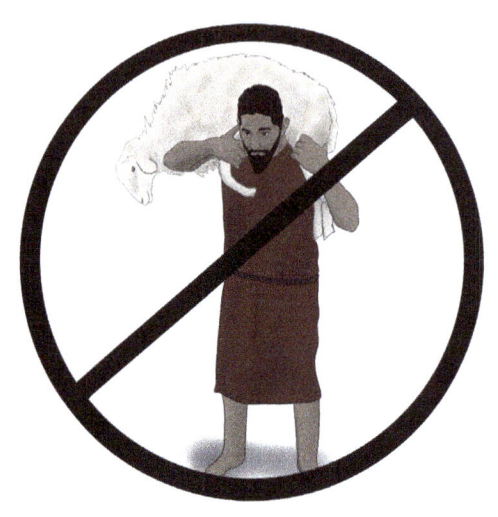

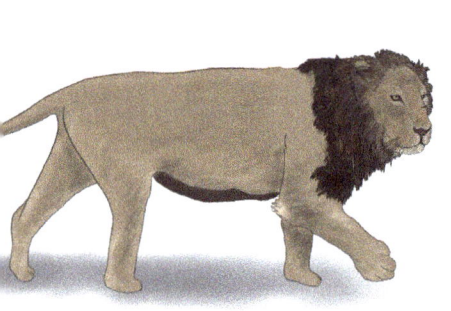

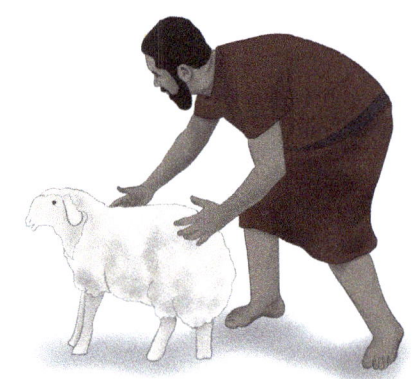

וְלֹא־שָׂם הָאִישׁ אֶת־הַכֶּ֫בֶשׂ עַל־שִׁכְמוֹ

כִּי נָס מִפְּנֵי הָאַרְיֵה לָשׁוּב לְבַדּוֹ

Acting

(2a) The Proud Man

Teaching

ג) אִישׁ אָמַר בְּלִבּוֹ

ד) שָׁלוֹם לִכְבָשַׂי

ה) וְאַחֲרֵי־כֵן נָח

ו) אָז סָר כֶּ֫בֶשׂ אֶחָד

ז) וְהִנֵּה קוֹל

יב) וְהָאִישׁ נָס

Reading

Acting

(2b) The Proud Man

Teaching

א) לְאִישׁ הָיוּ כְבָשִׂים

ב) רָם לְבָבוֹ

ג) וְגַם־אָמַר

ד) שָׁלוֹם לִכְבָשַׂי

ה) וְאַחֲרֵי־כֵן נָח בְּתוֹךְ־הַכְּבָשִׂים

ו) אָז סָר כֶּ֫בֶשׂ אֶחָד

ז) וְהִנֵּה קוֹל גָּדוֹל

ט) וְהָאִישׁ רָץ אֶל־כִּבְשׂוֹ

י) וְהִנֵּה אַרְיֵה רָעֵב בָּא

יב) וְהָאִישׁ נָס לְבַדּוֹ

Reading

Acting

(2c) The Proud Man

Teaching

א) לְאִישׁ הָיוּ כְּבָשִׂים רַבִּים

ב) לָכֵן רָם לְבָבוֹ

ג) וְגַם־אָמַר

ד) שָׁלוֹם לִכְבָשַׂי

ה) וְאַחֲרֵי־כֵן נָח בְּתוֹךְ־צֹאנוֹ

ו) אָז סָר מִמֶּנּוּ כֶּ֫בֶשׂ אֶחָד

ז) וְהִנֵּה קוֹל גָּדוֹל

ח) וְהָאִישׁ קָם

ט) וְגַם רָץ אֶל־כִּבְשׂוֹ

י) וְהִנֵּה אַרְיֵה רָעֵב בָּא

יא) וְלֹא־שָׂם הָאִישׁ אֶת־הַכֶּ֫בֶשׂ עַל־שִׁכְמוֹ

יב) כִּי נָס מִפְּנֵי הָאַרְיֵה לָשׁוּב לְבַדּוֹ

Reading

2b Translation

2a Translation

2c Translation

2 Research

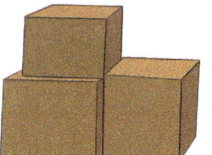

3

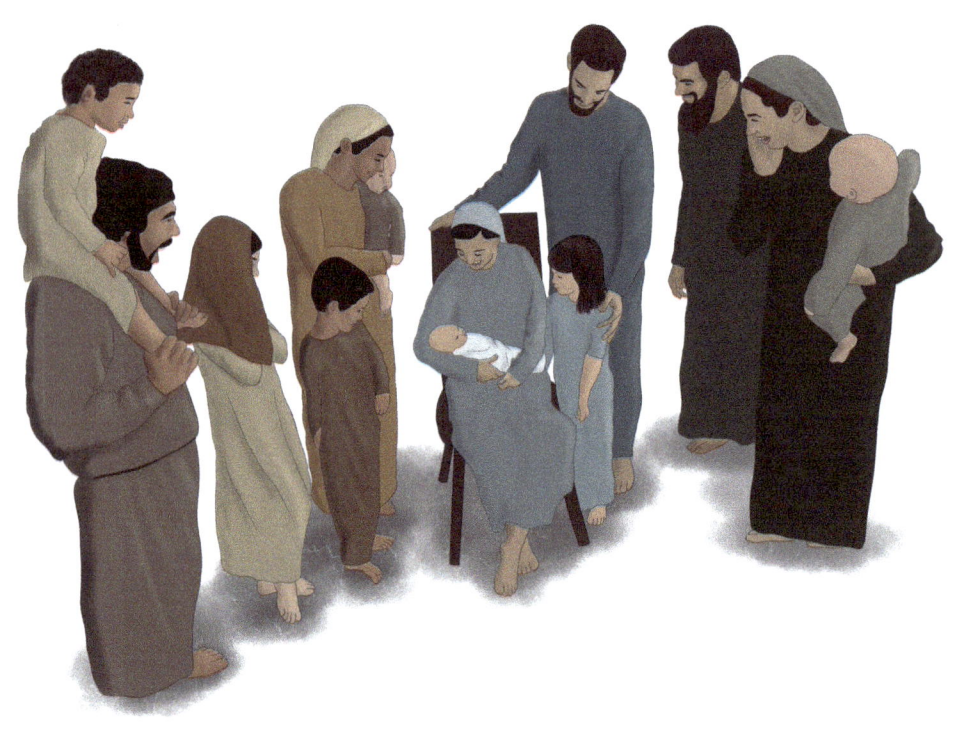

בְּנֵי הָאָדָם רָבוֹ

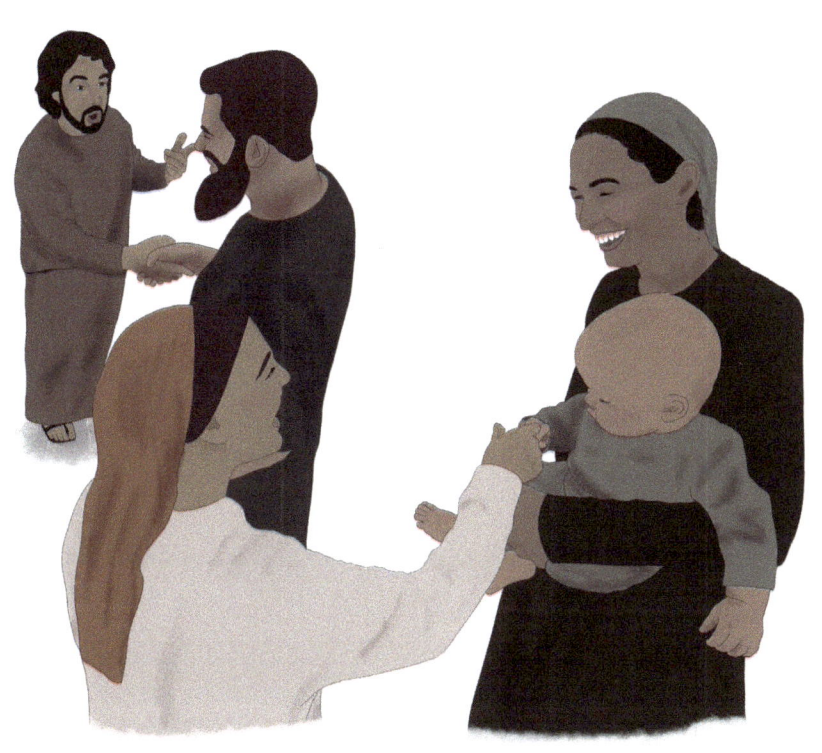

וְהִנָּם עַם אֶחָד
וְשָׂפָה אַחַת לְכֻלָּם

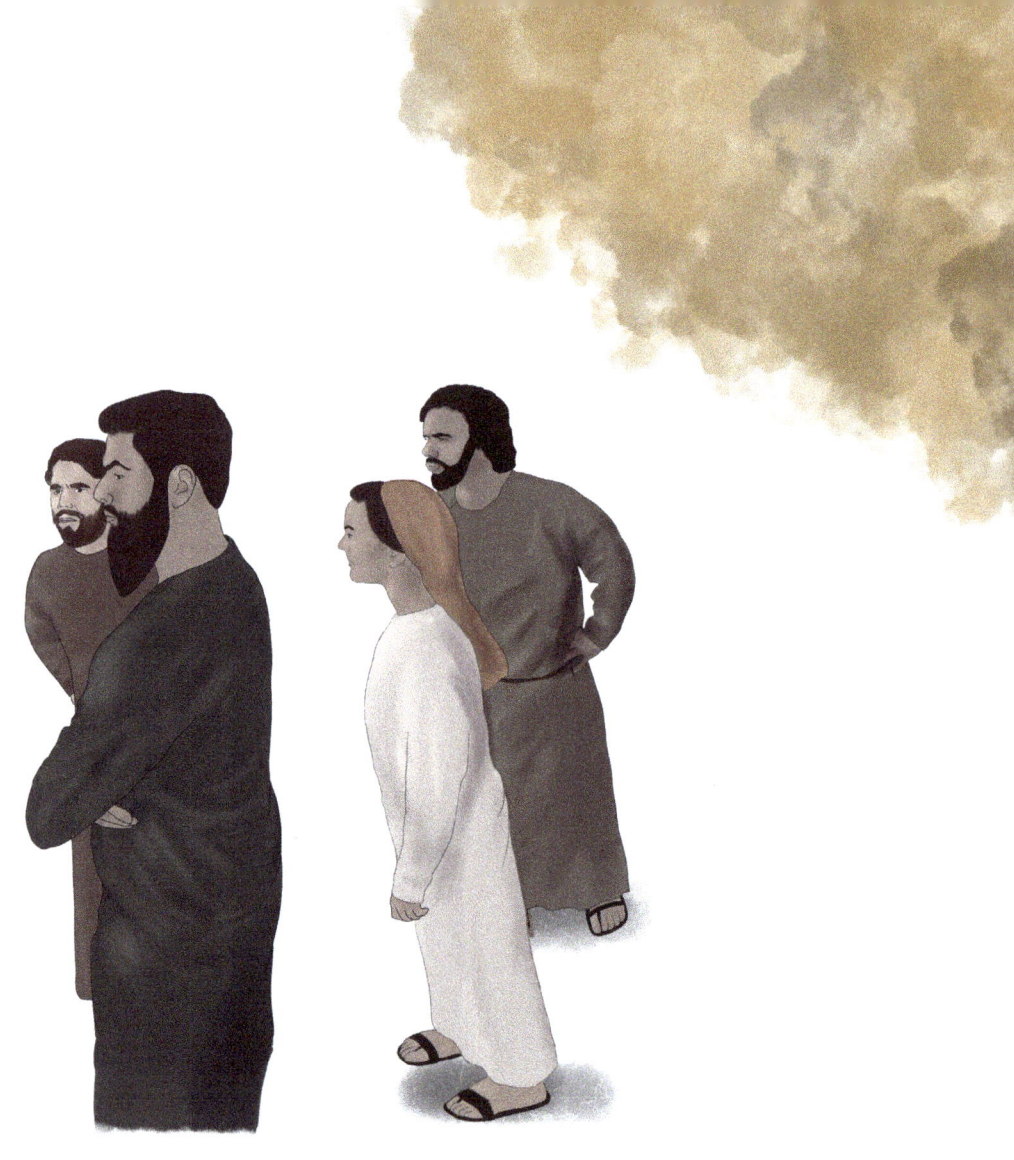

בְּאֶ֫רֶץ שִׁנְעָר פָּנָה לְבָבָם מֵעִם יְהוָה

וְשָׁם בָּנוּ לָהֶם עִיר וּמִגְדָּל
וְגַם עָשׂוּ לָהֶם שֵׁם

וַיהוָה רָאָה אֶת־רָעָתָם
אֲשֶׁר עָלְתָה לְפָנָיו

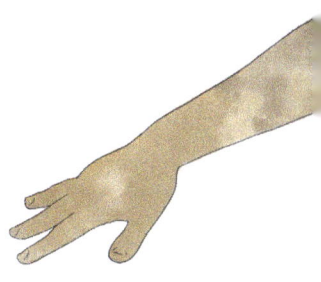

לָכֵן נָטָה יְהוָה אֶת־יָדוֹ עֲלֵיהֶם

וְלֹא־כָלְתָה עֲבֹדַת הָעִיר

עַל־כֵּן קָרָא שְׁמָהּ בָּבֶל
כִּי־שָׁם בָּלַל יְהוָה שְׂפַת כָּל־הָאָרֶץ

Acting

(3a) The Tower of Babel

Teaching

א) הָאָדָם רָבוּ

ה) וּבְאֶ֫רֶץ שִׁנְעָר בָּנוּ לָהֶם מִגְדָּל

ו) וְגַם עָשׂוּ לָהֶם שֵׁם

יב) עַל־כֵּן בָּלַל יְהוָה שְׂפַת כָּל־הָאָ֫רֶץ

Reading

Acting

(3b) The Tower of Babel

Teaching

א) הָאָדָם רָבּוּ

ב) וְהִנָּם עַם אֶחָד

ה) וּבְאֶ֫רֶץ שִׁנְעָר בָּנוּ לָהֶם עִיר וּמִגְדָּל

ז) וְגַם עָשׂוּ לָהֶם שֵׁם

ט) לָכֵן נָטָה יְהוָה אֶת־יָדוֹ עֲלֵיהֶם

י) וְלֹא־כָלְתָה הָעִיר

יא) עַל־כֵּן קָרָא שְׁמָהּ בָּבֶל

יב) כִּי־שָׁם בָּלַל יְהוָה שְׂפַת כָּל־הָאָ֫רֶץ

Reading

(3c) The Tower of Babel

Acting

Teaching

א) בְּנֵי הָאָדָם רָבוּ

ב) וְהִנָּם עַם אֶחָד

ג) וְשָׂפָה אַחַת לְכֻלָּם

ד) בְּאֶרֶץ שִׁנְעָר פָּנָה לְבָבָם מֵעִם יְהוָה

ה) וְשָׁם בָּנוּ לָהֶם עִיר וּמִגְדָּל

ו) וְגַם עָשׂוּ לָהֶם שֵׁם

ז) וַיהוָה רָאָה אֶת־רָעָתָם

ח) אֲשֶׁר עָלְתָה לְפָנָיו

ט) לָכֵן נָטָה יְהוָה אֶת־יָדוֹ עֲלֵיהֶם

י) וְלֹא־כָלְתָה עֲבֹדַת הָעִיר

יא) עַל־כֵּן קָרָא שְׁמָהּ בָּבֶל

יב) כִּי־שָׁם בָּלַל יְהוָה שְׂפַת כָּל־הָאָרֶץ

Reading

3b Translation

3a Translation

3c Translation

3 Research

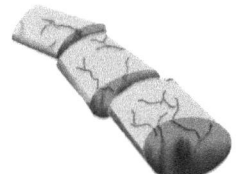

4

שִׁמְשׁוֹן רָדַף

וְגַם לָכַד שְׁלֹשׁ־מֵאוֹת שׁוּעָלִים

וְאַחֲרֵי־כֵן שָׂם אֵשׁ בֵּין הַשֻּׁעָלִים

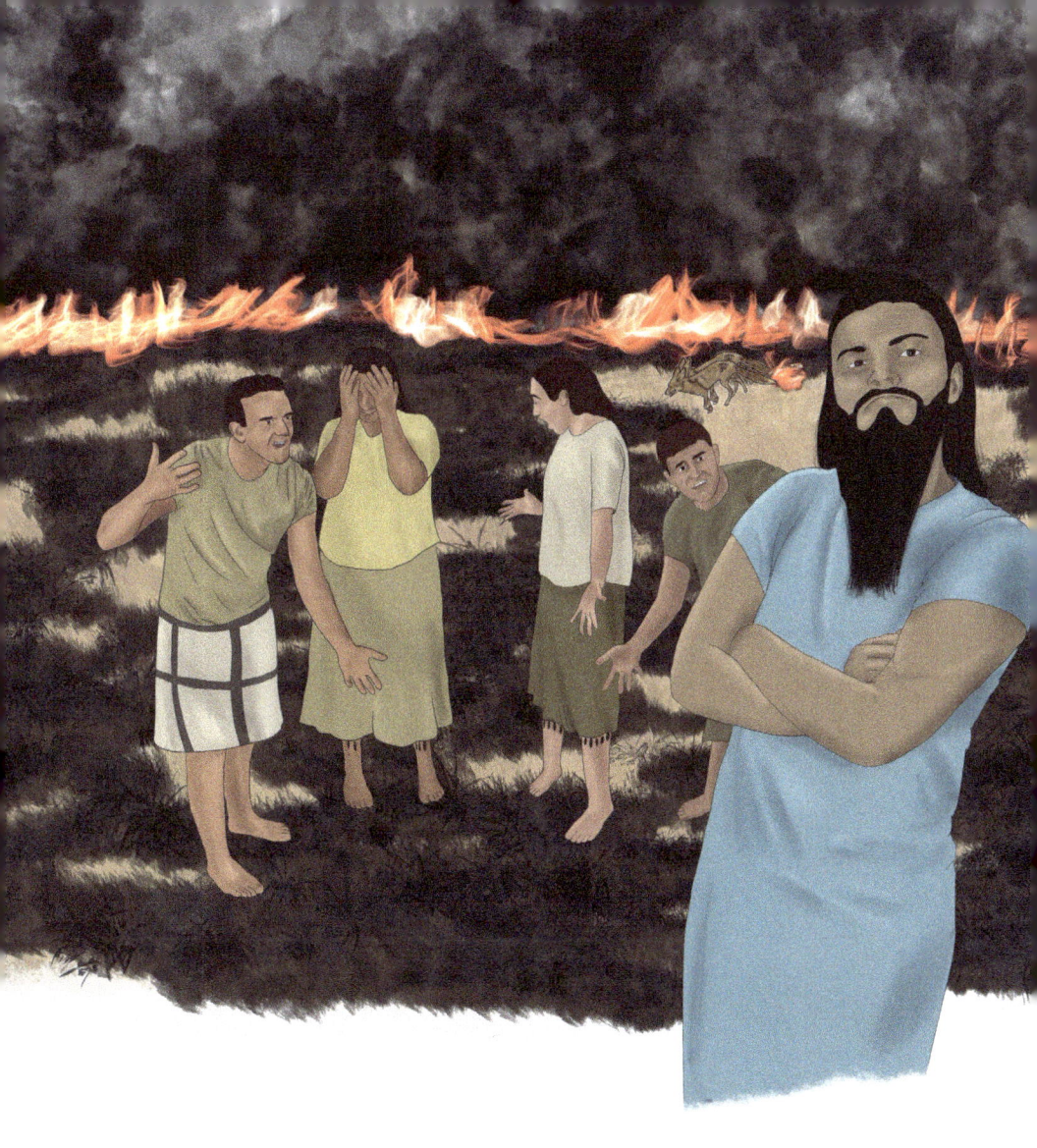

וְהֵם עָבְרוּ בִשְׂדֵי פְלִשְׁתִּים
יַ֫עַן שָׂרַף שִׁמְשׁוֹן שְׂדוֹתֵיהֶם בָּאֵשׁ

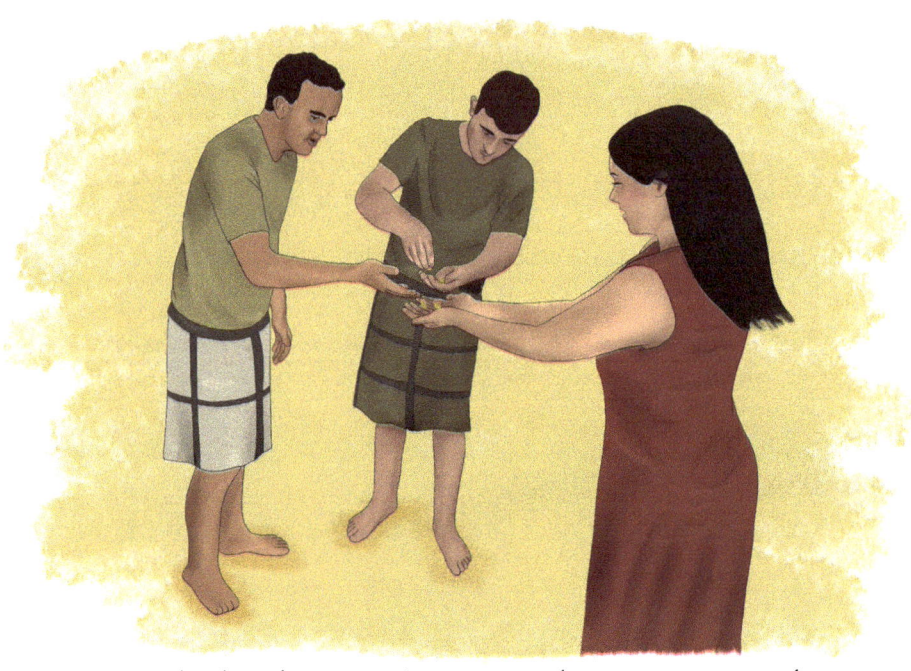

לָכֵן נָתְנוּ פְלִשְׁתִּים כֶּ֫סֶף לִדְלִילָה
וְהִיא גִּלְּחָה אֶת־שְׂעַר שִׁמְשׁוֹן

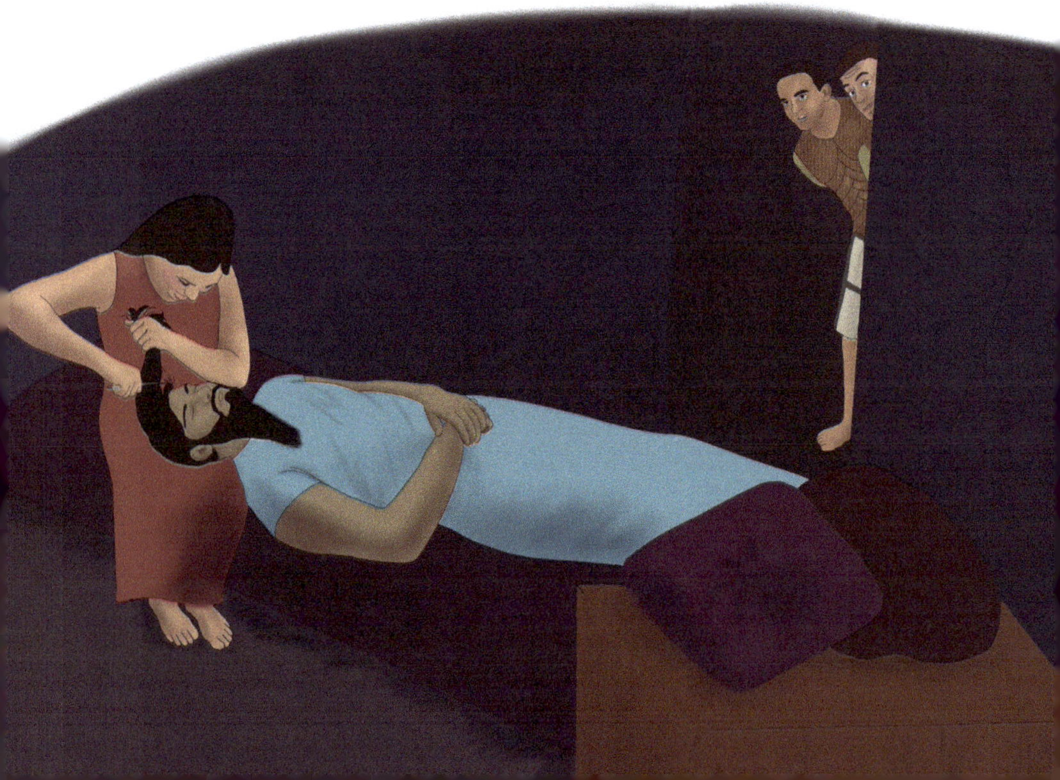

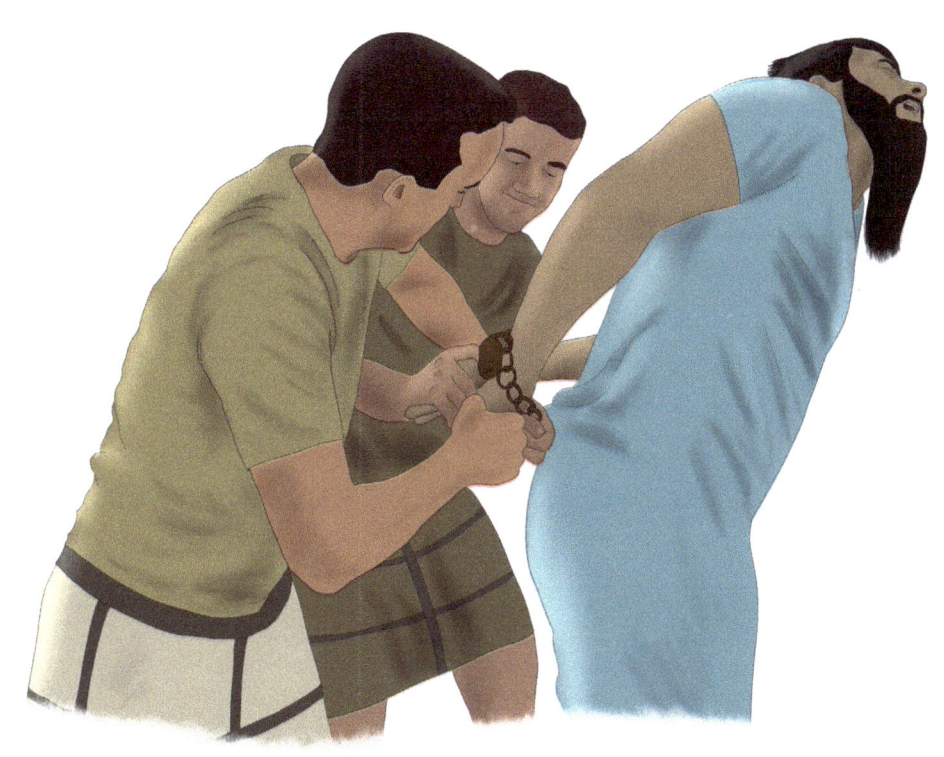

וְהֵם אָסְרוּ אֹתוֹ בַּנְחֻשְׁתַּ֫יִם

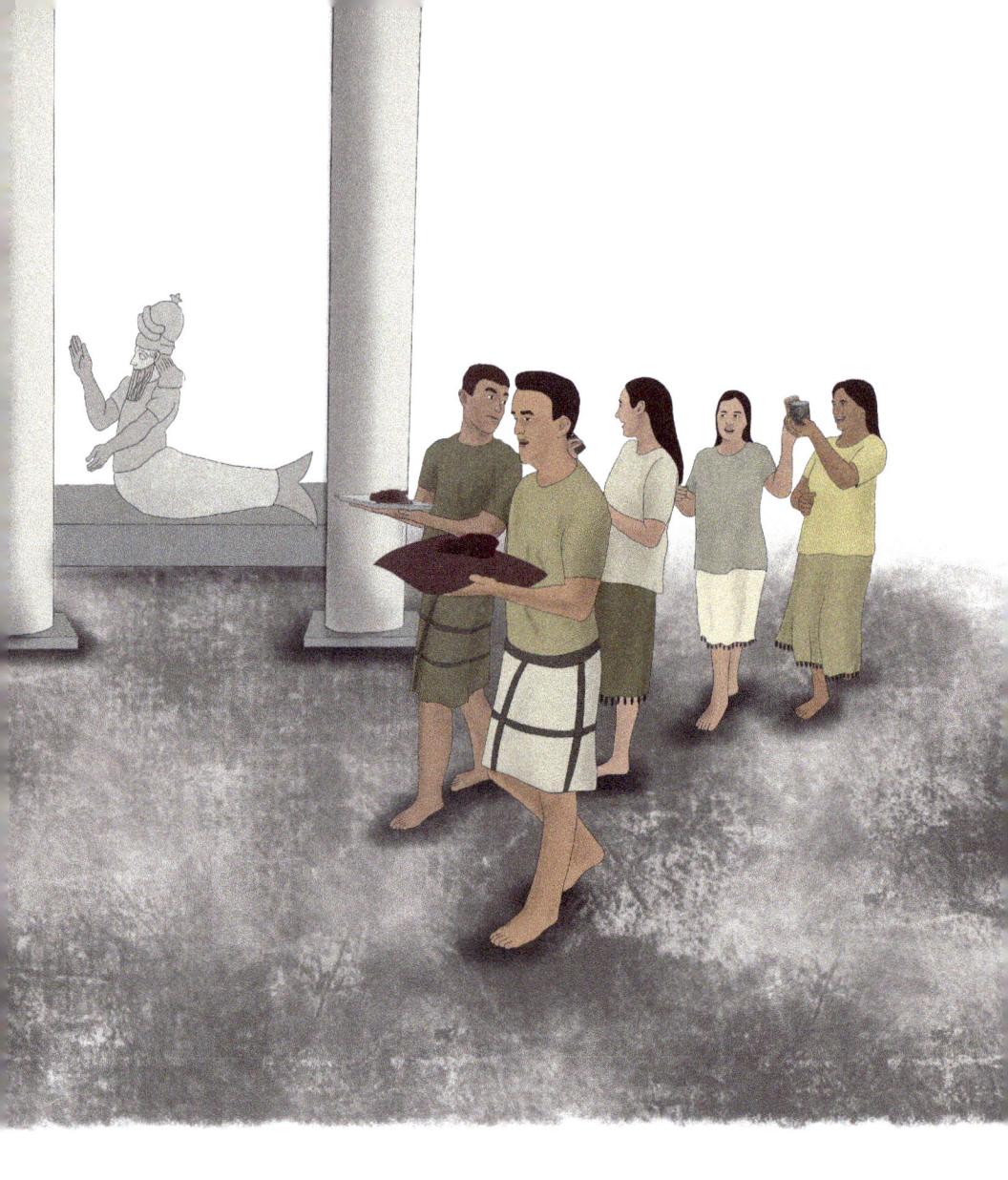

בַּיָּמִים הָהֵם בָּ֫אוּ פְלִשְׁתִּים
לִזְבֹּחַ לְדָגוֹן אֱלֹהֵיהֶם

וַיהוָה זָכַר אֶת־שִׁמְשׁוֹן

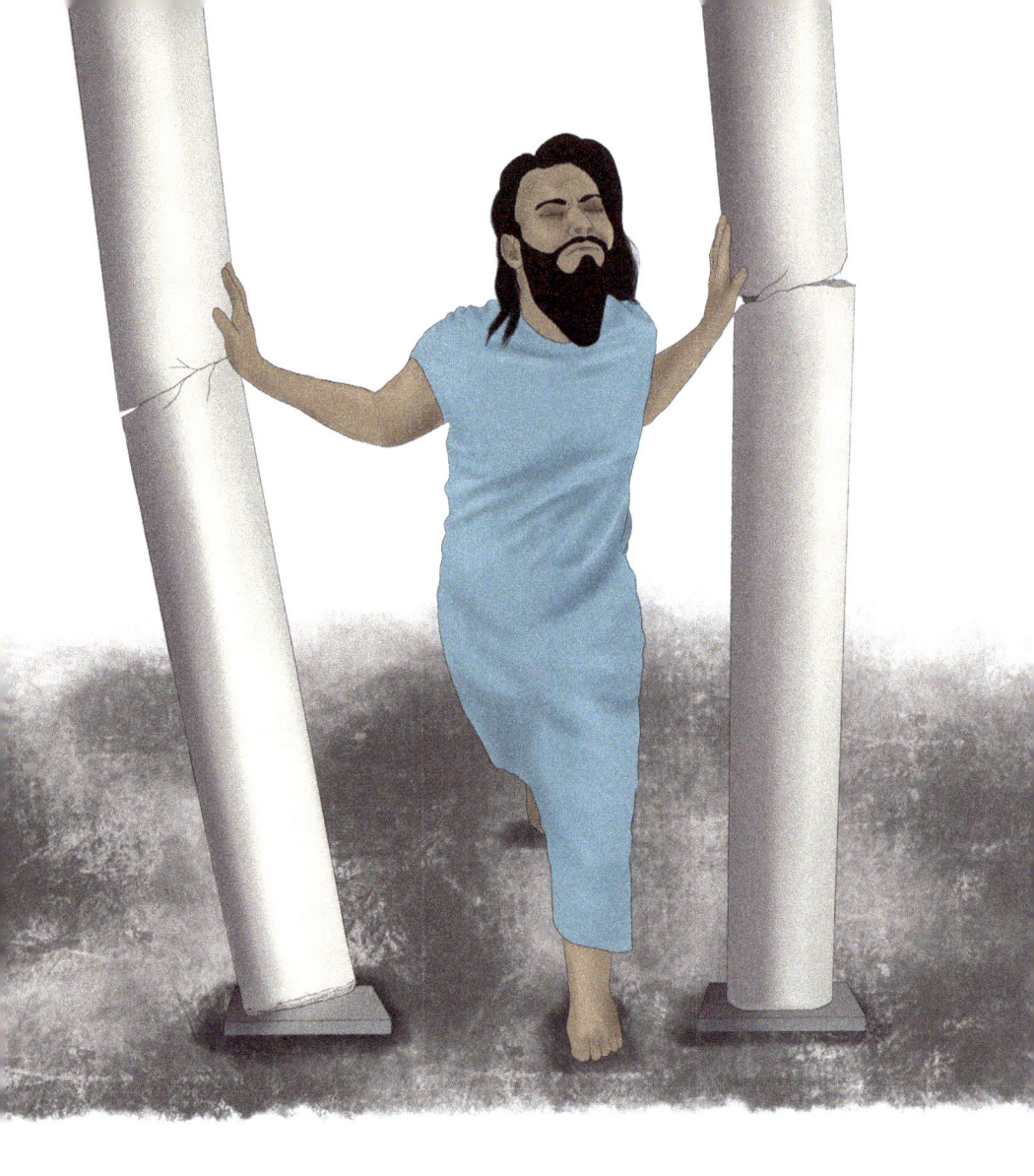

וְאַחֲרֵי־כֵן שָׁבַר שִׁמְשׁוֹן
אֶת־עַמּוּדֵי הַבַּ֫יִת
בְּכֹחוֹ הַגָּדוֹל

וְכֵן אָבְדוּ רַבִּים

Acting

(4a) Samson and the Philistines

Teaching

ח) פְּלִשְׁתִּים אָסְרוּ אֶת־שִׁמְשׁוֹן בַּנְחֻשְׁתַּ֫יִם

ט) בַּיָּמִים הָהֵם בָּ֫אוּ פְּלִשְׁתִּים אֶל־בֵּית דָּגוֹן

יא) וְאַחֲרֵי־כֵן שָׁבַר שִׁמְשׁוֹן אֶת־הָעַמּוּדִים

יב) וְכֵן אָבְדוּ רַבִּים

Reading

Acting

(4b) Samson and the Philistines

Teaching

ב) שִׁמְשׁוֹן לָכַד שׁוּעָלִים

ג) וְגַם שָׂם אֵשׁ בֵּינָתָם

ד) וְהֵם עָבְרוּ בִשְׂדֵי פְלִשְׁתִּים

ו) לָכֵן נָתְנוּ פְלִשְׁתִּים כֶּ֫סֶף לִדְלִילָה

ח) וְאַחֲרֵי־כֵן אָסְרוּ אֶת־שִׁמְשׁוֹן בַּנְחֻשְׁתַּ֫יִם

ט) בַּיָּמִים הָהֵם בָּ֫אוּ פְלִשְׁתִּים לִזְבֹּחַ לְדָגוֹן

יא) וְאַחֲרֵי־כֵן שָׁבַר שִׁמְשׁוֹן אֶת־עַמּוּדֵי הַבַּ֫יִת
בְּכֹחוֹ הַגָּדוֹל

יב) וְכֵן אָבְדוּ רַבִּים

Reading

Acting

(4c) Samson and the Philistines

Teaching

א) שִׁמְשׁוֹן רָדַף

ב) וְגַם לָכַד שְׁלֹשׁ־מֵאוֹת שׁוּעָלִים

ג) וְאַחֲרֵי־כֵן שָׂם אֵשׁ בֵּין הַשֻּׁעָלִים

ד) וְהֵם עָבְרוּ בִשְׂדֵי פְלִשְׁתִּים

ה) יַ֫עַן שָׂרַף שִׁמְשׁוֹן שְׂדוֹתֵיהֶם בָּאֵשׁ

ו) לָכֵן נָתְנוּ פְלִשְׁתִּים כֶּ֫סֶף לִדְלִילָה

ז) וְהִיא גִּלְּחָה אֶת־שְׂעַר שִׁמְשׁוֹן

ח) וְהֵם אָסְרוּ אֹתוֹ בַּנְחֻשְׁתַּ֫יִם

ט) בַּיָּמִים הָהֵם בָּ֫אוּ פְלִשְׁתִּים לִזְבֹּחַ לְדָגוֹן אֱלֹהֵיהֶם

י) וַיהוָה זָכַר אֶת־שִׁמְשׁוֹן

יא) וְאַחֲרֵי־כֵן שָׁבַר שִׁמְשׁוֹן אֶת־עַמּוּדֵי הַבַּ֫יִת
בְּכֹחוֹ הַגָּדוֹל

יב) וְכֵן אָבְדוּ רַבִּים

Reading

4b Translation

4a Translation

4c Translation

4 Research

5

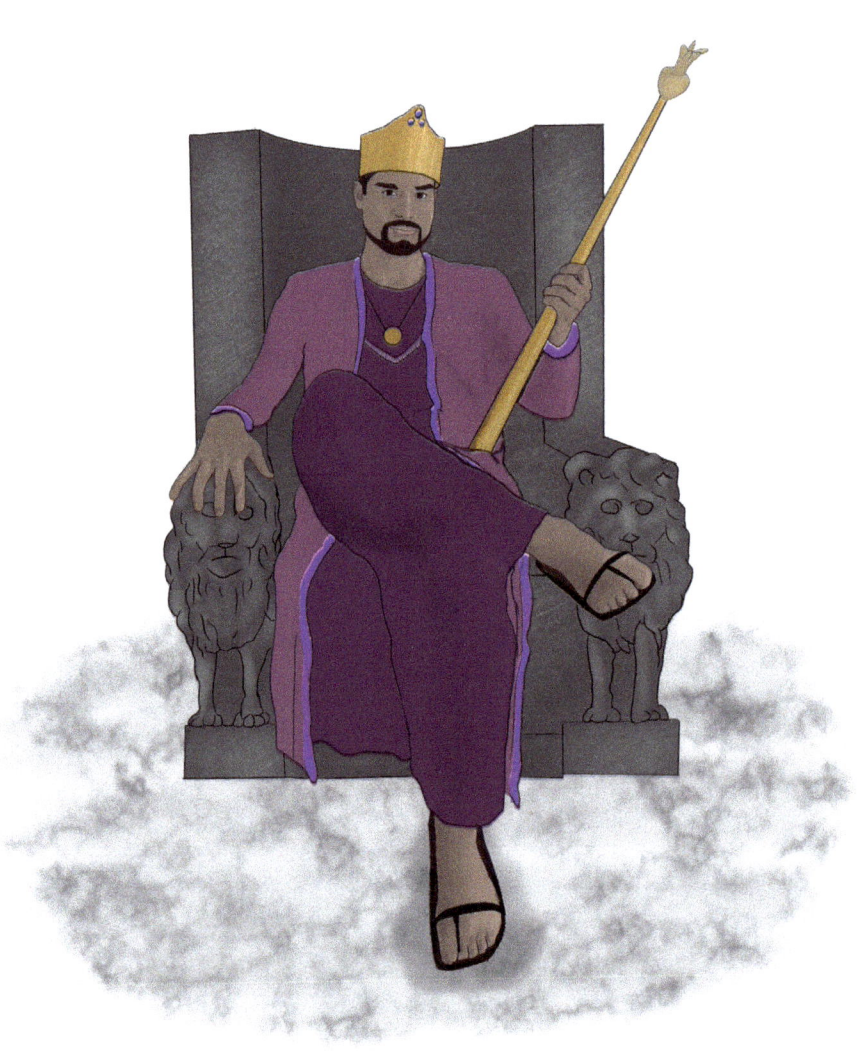

שְׁלֹמֹה מָלַךְ עַל־יִשְׂרָאֵל

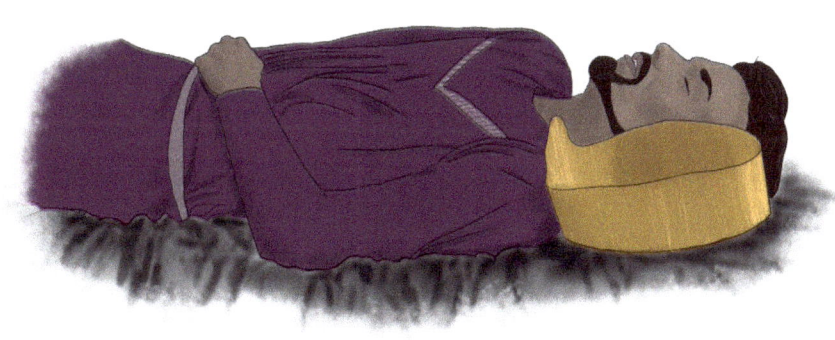

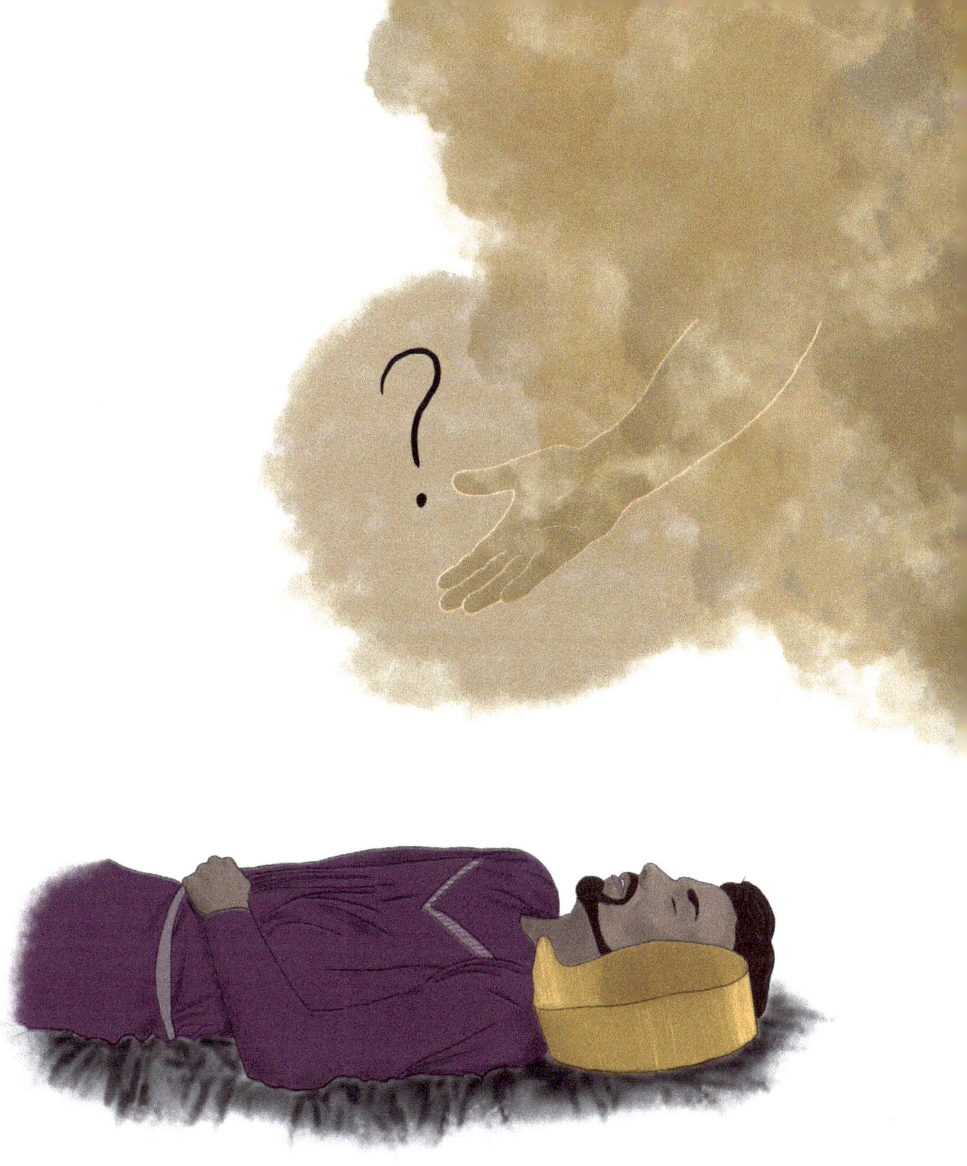

וַיִּפְקֹד אֹתוֹ יְהוָה
וַיֹּ֫אמֶר
שְׁאַל מָה אֶתֶּן־לְךָ

וַיֹּאמֶר שְׁלֹמֹה
תִּתֵּן לְעַבְדְּךָ לֵב שֹׁמֵעַ לִשְׁפֹּט אֶת־עַמְּךָ

וַיֹּאמֶר אֱלֹהִים
אֶשְׁכֹּן בְּתוֹךְ בְּנֵי יִשְׂרָאֵל

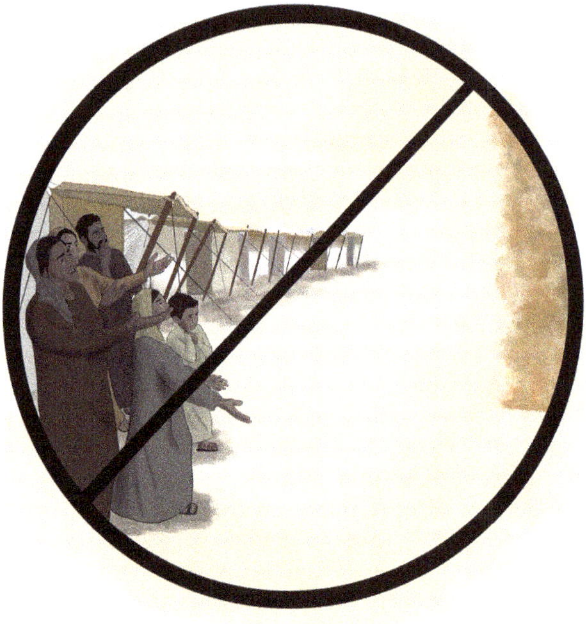

וְלֹא אֶעֱזֹב אֶת־עַמִּי

רַק אִם־תִּשְׁמֹר חֻקַּי וּמִצְוֹתַי

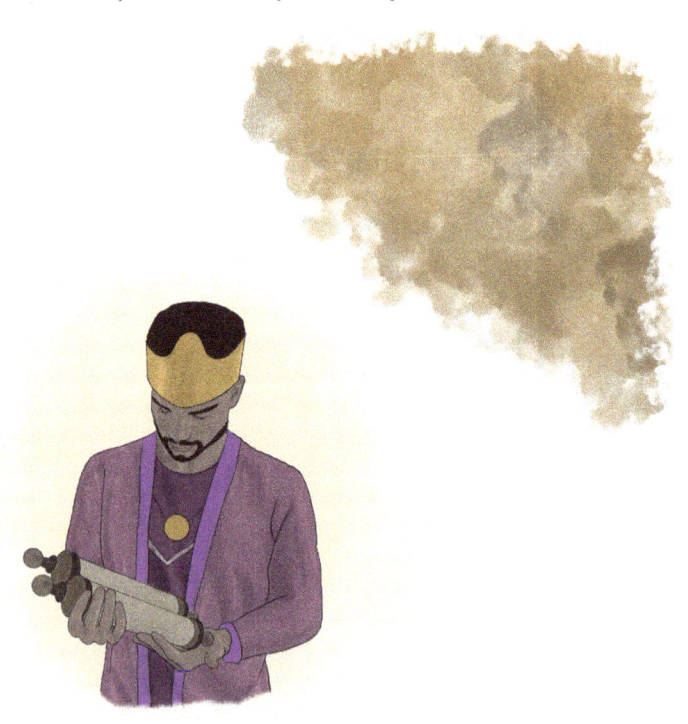

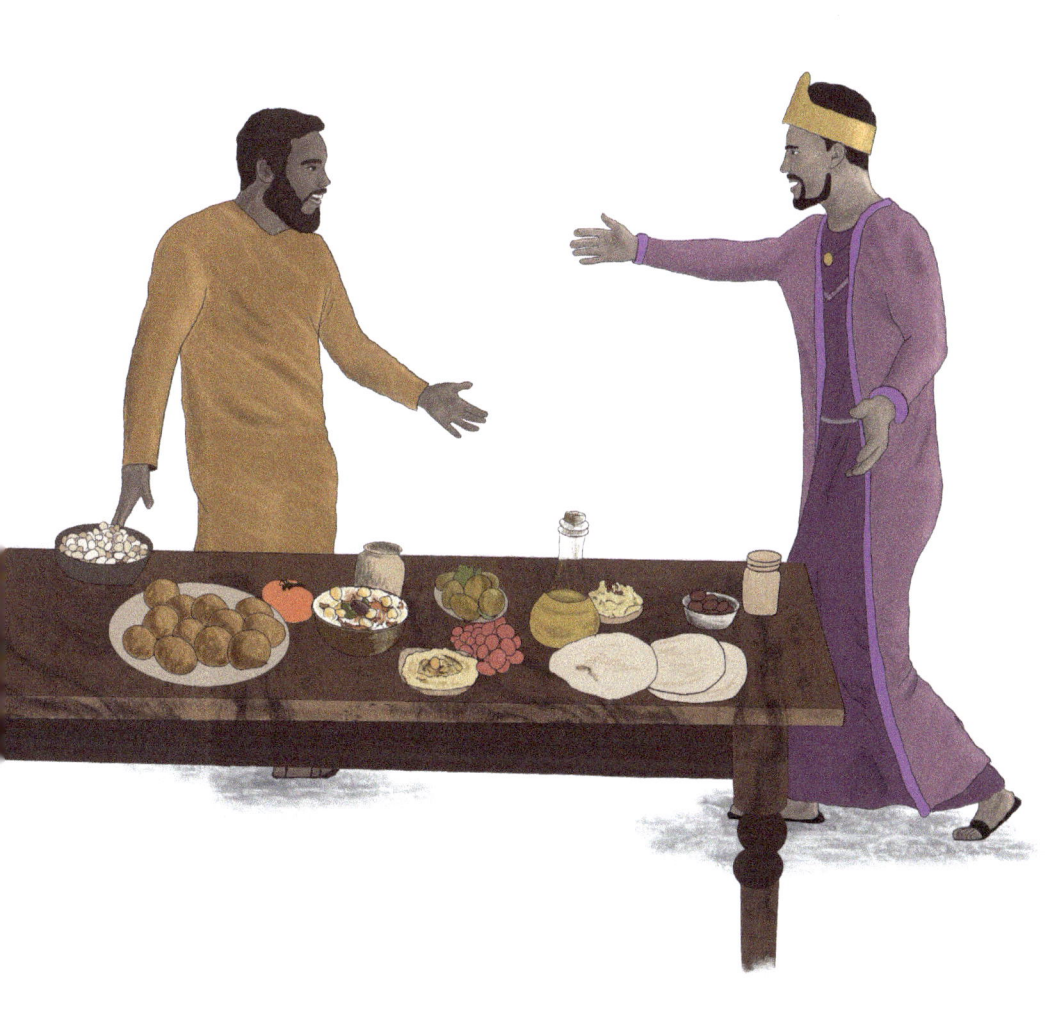

וַיֵּ֫לֶךְ שְׁלֹמֹה

וַיֶּאֱסף כָּל־עֲבָדָיו לְמִשְׁתֶּה

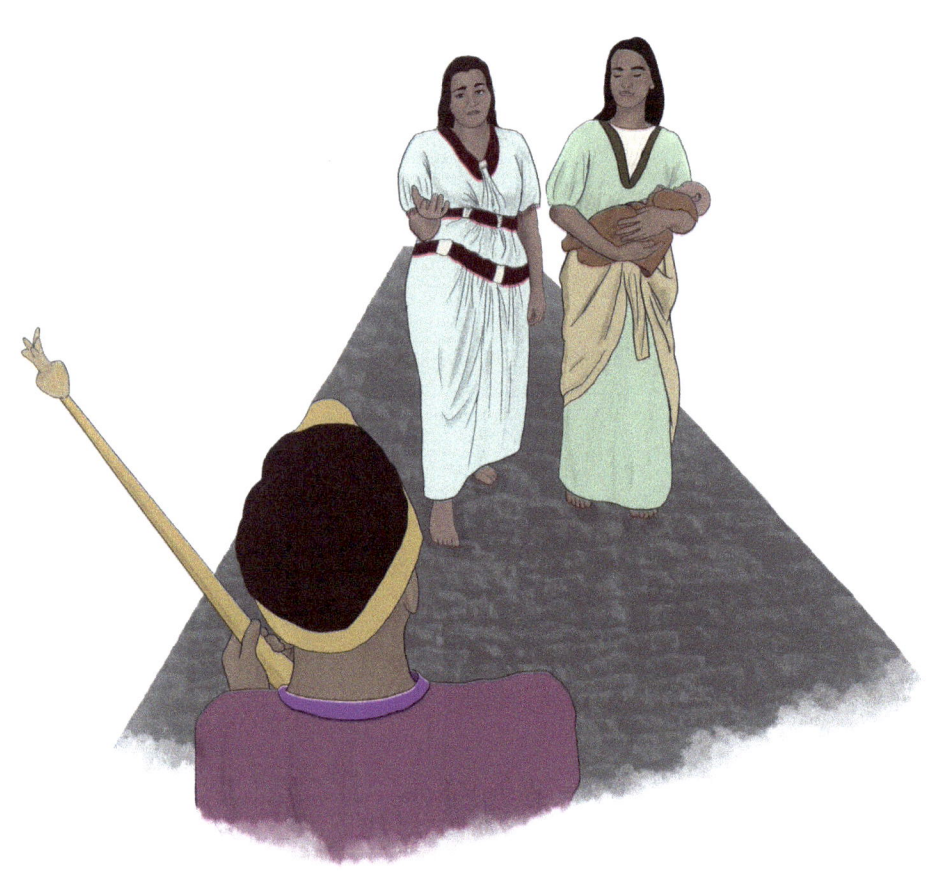

אָז תָּבֹ֫אנָה שְׁתַּ֫יִם נָשִׁים לִדְרֹשׁ מִשְׁפָּט

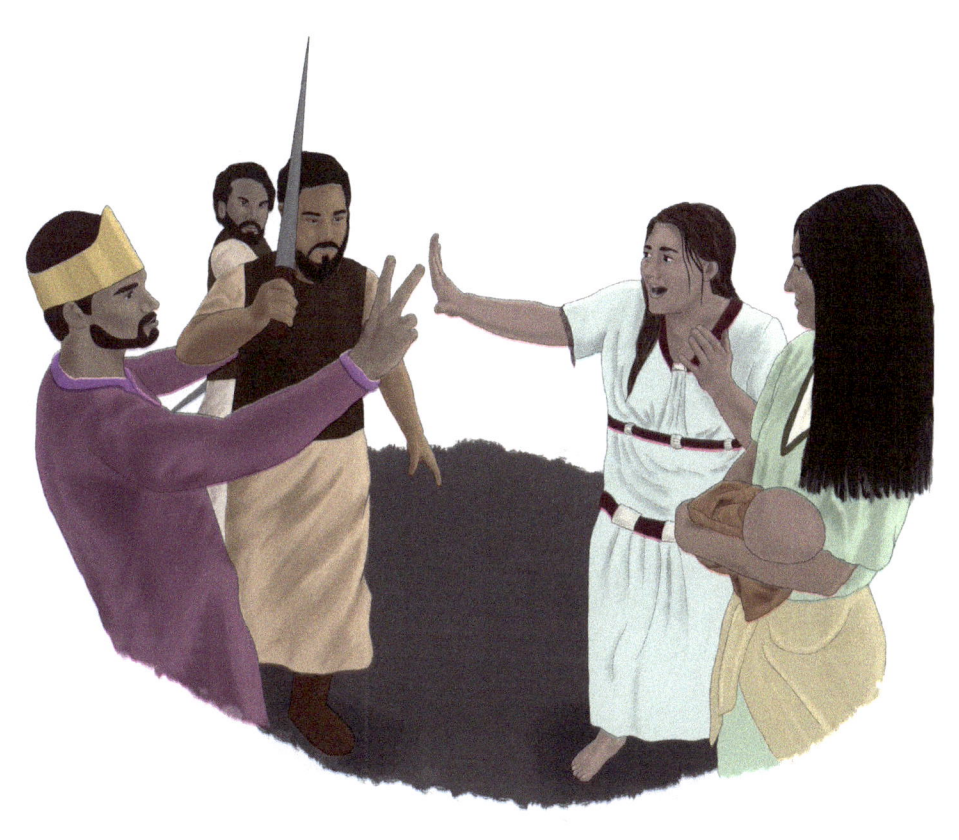

וַיֹּ֣אמֶר הַמֶּ֔לֶךְ

גִּזְר֛וּ אֶת־הַיֶּ֥לֶד הַחַ֖י לִשְׁנָ֑יִם

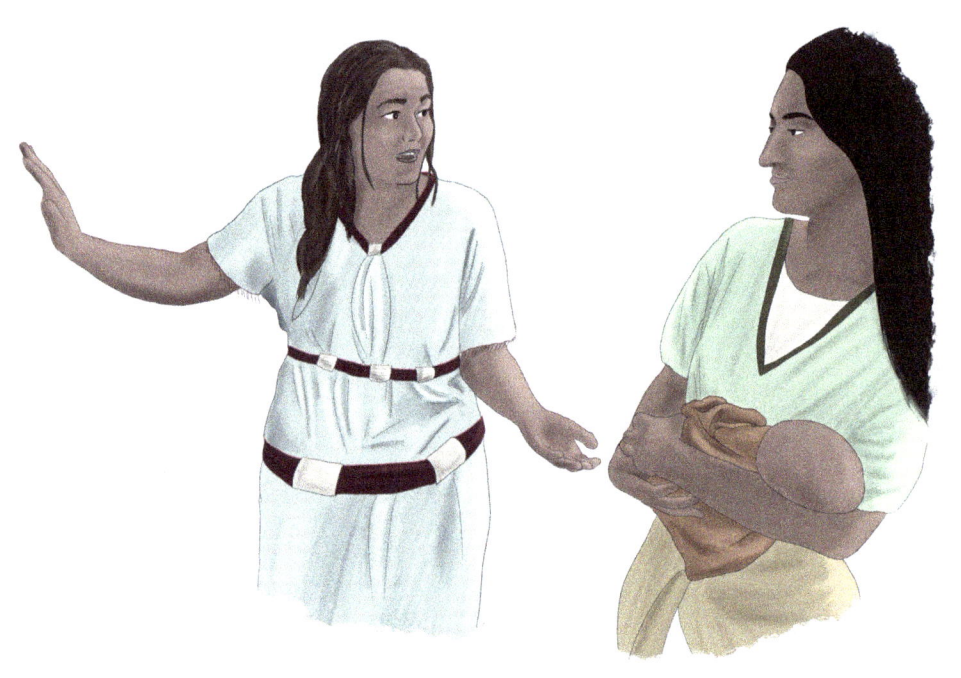

וַתֹּ֫אמֶר הָאֵם

תְּנוּ־לָהּ אֶת־הַיֶּ֫לֶד

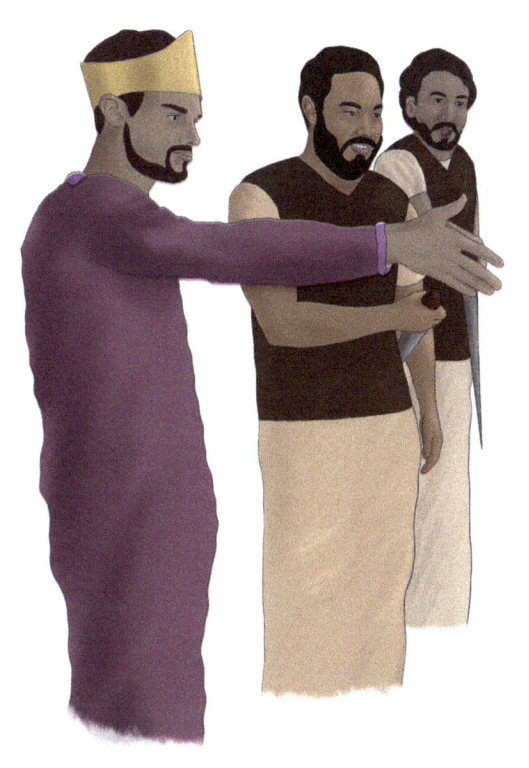

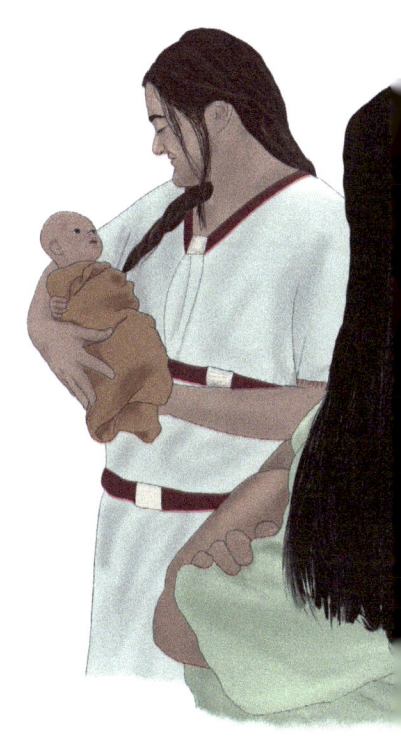

וַיֹּ֫אמֶר הַמֶּ֫לֶךְ
הִיא אִמּוֹ

Acting

(5a) Wise Solomon

Teaching

ה) וַיֹּאמֶר שְׁלֹמֹה

ו) תִּתֵּן לֵב שֹׁמֵעַ לִשְׁפֹּט אֶת־עַמְּךָ

ז) וַיֹּאמֶר אֱלֹהִים

ח) אֶשְׁכֹּן בְּתוֹךְ בְּנֵי יִשְׂרָאֵל

י) אִם־תִּשְׁמֹר חֻקַּי

יג) אָז תָּבֹאנָה שְׁתַּיִם נָשִׁים

Reading

Acting

(5b) Wise Solomon

Teaching

א)	שְׁלֹמֹה מָלַךְ
ג)	וַיֹּאמֶר יְהוָה
ד)	שְׁאַל מָה אֶתֶּן־לָךְ
ה)	וַיֹּאמֶר שְׁלֹמֹה
ו)	תִּתֵּן לְעַבְדְּךָ לֵב שֹׁמֵעַ לִשְׁפֹּט אֶת־עַמְּךָ
ז)	וַיֹּאמֶר אֱלֹהִים
ח)	אֶשְׁכֹּן בְּתוֹךְ בְּנֵי יִשְׂרָאֵל
י)	אִם־תִּשְׁמֹר חֻקַּי וּמִצְוֺתַי
יג)	אָז תָּבֹאנָה שְׁתַּיִם נָשִׁים לִדְרֹשׁ הַמֶּלֶךְ
יד)	וַיֹּאמֶר
יה)	גִּזְרוּ הַיֶּלֶד הַחַי
יו)	וַתֹּאמֶר הָאֵם
יז)	תְּנוּ־לָהּ אֶת־הַיֶּלֶד

Reading

Acting

(5c) Wise Solomon

Teaching

א) שְׁלֹמֹה מָלַךְ עַל־יִשְׂרָאֵל

ב) וַיִּפְקֹד אֹתוֹ יְהוָה

ג) וַיֹּאמֶר

ד) שְׁאַל מָה אֶתֶּן־לָךְ

ה) וַיֹּאמֶר שְׁלֹמֹה

ו) תִּתֵּן לְעַבְדְּךָ לֵב שֹׁמֵעַ לִשְׁפֹּט אֶת־עַמְּךָ

ז) וַיֹּאמֶר אֱלֹהִים

ח) אֶשְׁכֹּן בְּתוֹךְ בְּנֵי יִשְׂרָאֵל

ט) וְלֹא אֶעֱזֹב אֶת־עַמִּי

י) רַק אִם־תִּשְׁמֹר חֻקַּי וּמִצְוֹתַי

יא) וַיֵּלֶךְ שְׁלֹמֹה

יב) וַיֶּאֱסֹף כָּל־עֲבָדָיו לְמִשְׁתֶּה

יג) אָז תָּבֹאנָה שְׁתַּיִם נָשִׁים לִדְרֹשׁ מִשְׁפָּט

יד) וַיֹּאמֶר הַמֶּלֶךְ

טו) גִּזְרוּ אֶת־הַיֶּלֶד הַחַי לִשְׁנָיִם

טז) וַתֹּאמֶר הָאֵם

יז) תְּנוּ־לָהּ אֶת־הַיֶּלֶד

יח) וַיֹּאמֶר הַמֶּלֶךְ

יט) הִיא אִמּוֹ

Reading

5b Translation

5a Translation

5c Translation

5 Research

6

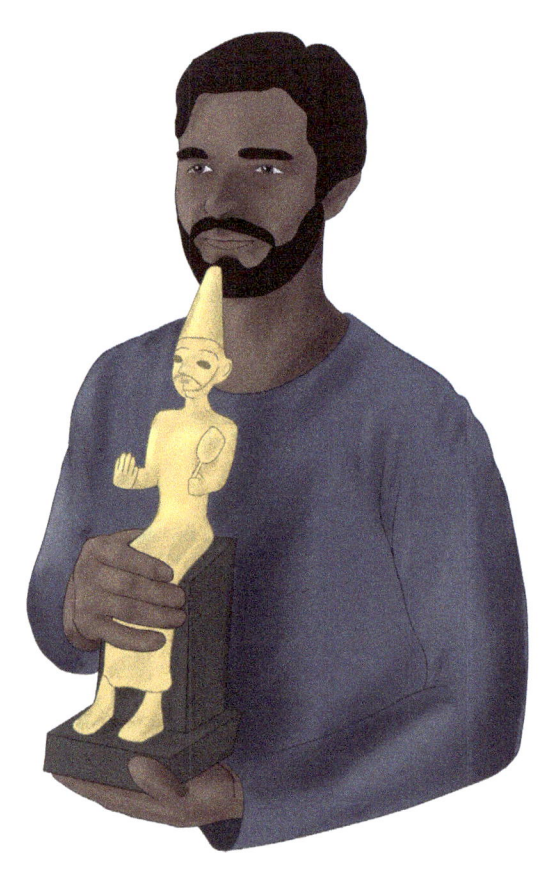

וַיְהִי־אִישׁ
וּשְׁמוֹ מִיכָ֫יְהוּ
וַיֶּחֱטָא לַעֲשׂוֹת פֶּ֫סֶל

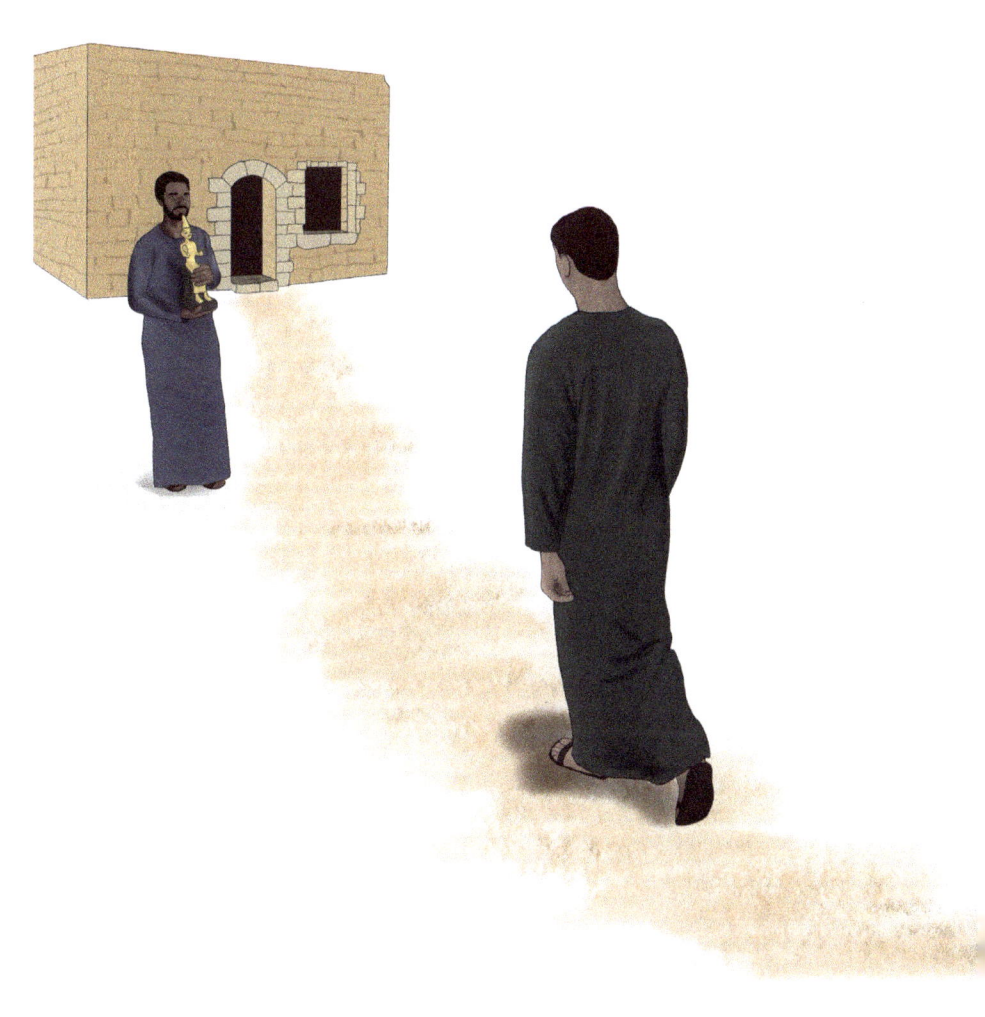

וַיְהִי־נָ֫עַר
וְהוּא לֵוִֽי
וַיֵּ֫לֶךְ עַד־בֵּית מִיכָֽה

וַיֹּאמֶר־לוֹ מִיכָה
הֱיֵה־לִי לְכֹהֵן
וְאָנֹכִי אֶתֶּן־לְךָ עֲשֶׂרֶת כֶּסֶף וּבֶגֶד לִלְבֹּשׁ

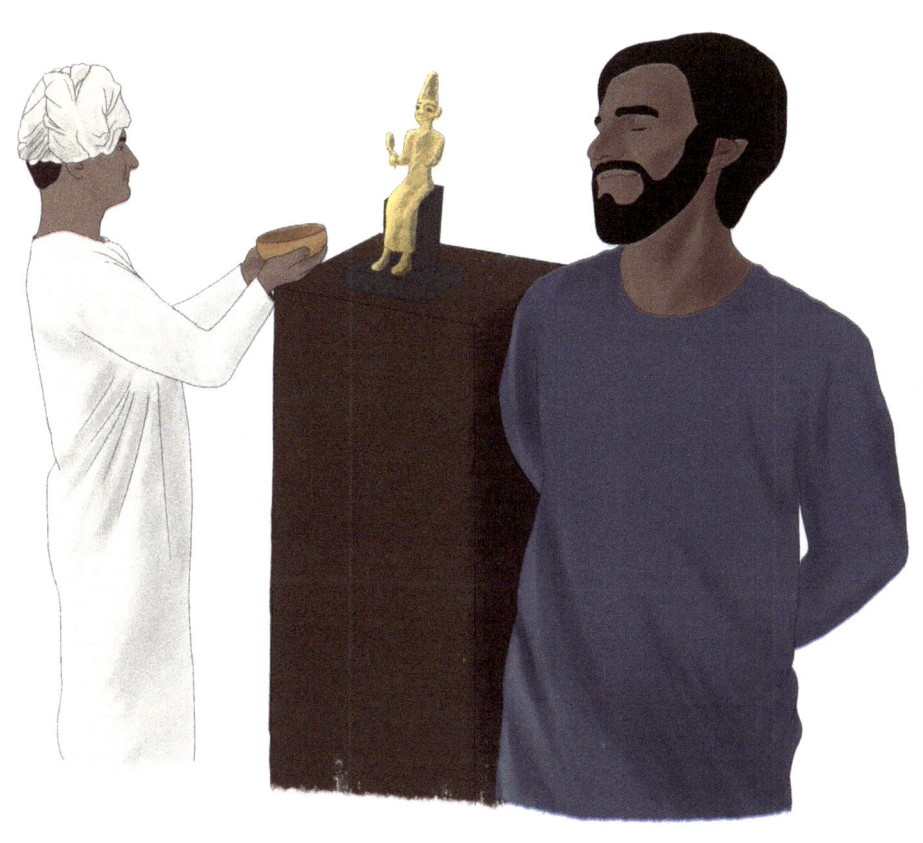

וַיֵּ֫שֶׁב הַלֵּוִי אֶת־הָאִישׁ

וַיִּבְטַח־בּוֹ מִיכָה

וַיִּשְׁכַּח אֶת־יְהוָה

בַּיָּמִים הָהֵם
אֵין מֶלֶךְ בְּיִשְׂרָאֵל

וַיָּבֹאוּ חֲמֵשֶׁת בְּנֵי־חַיִל
מִשֵּׁבֶט הַדָּנִי

וַיֹּאמְרוּ לַכֹּהֵן
הֲטוֹב הֱיוֹתְךָ כֹהֵן לְבֵית אִישׁ אֶחָד
אוֹ לְשֵׁבֶט

וַיִּשְׂמַח הַכֹּהֵן

וַיִּבְחַר בָּהֶם
וַיַּעֲזֹב אֶת־מִיכָה

וַיֹּאמֶר מִיכָה
מַה־לִּי עוֹד

(6a) Micah and the Levite

Acting

Teaching

ד) וַיְהִי־נַ֫עַר

ה) וְהוּא לֵוִי

ו) וַיֵּ֫לֶךְ עַד־בֵּית מִיכָה

ז) וַיֹּ֫אמֶר־לוֹ מִיכָה

ח) הֱיֵה־לִי לְכֹהֵן

ט) וְאָנֹכִי אֶתֶּן בֶּ֫גֶד

י) וַיֵּ֫שֶׁב הַלֵּוִי אֶת־הָאִישׁ

יד) וַיָּ֫בֹאוּ חֲמֵ֫שֶׁת הַדָּנִי

Reading

Acting

(6b) Micah and the Levite

Teaching

א) וַיְהִי־אִישׁ

ב) וּשְׁמוֹ מִיכָיְהוּ

ג) וַיֶּחֱטָא לַעֲשׂוֹת פֶּסֶל

ד) וַיְהִי־נַעַר

ה) וְהוּא לֵוִי

ו) וַיֵּלֶךְ עַד־בֵּית מִיכָה

ז) וַיֹּאמֶר־לוֹ מִיכָה

ח) הֱיֵה־לִי לְכֹהֵן

ט) וְאָנֹכִי אֶתֶּן־לְךָ בֶּגֶד לִלְבֹּשׁ

י) וַיֵּשֶׁב הַלֵּוִי אֶת־הָאִישׁ

יא) וַיִּבְטַח־בּוֹ מִיכָה

יד) וַיָּבֹאוּ חֲמֵשֶׁת בָּנִים מִשֵּׁבֶט הַדָּנִי

יה) וַיֹּאמְרוּ לַכֹּהֵן

יו) טוֹב הֱיוֹתְךָ כֹהֵן לְשֵׁבֶט

יט) וַיַּעֲזֹב הַכֹּהֵן אֶת־מִיכָה

Reading

Acting

(6c) Micah and the Levite

Teaching

א) וַיְהִי־אִישׁ

ב) וּשְׁמוֹ מִיכָיְהוּ

ג) וַיֶּחֱטָא לַעֲשׂוֹת פֶּסֶל

ד) וַיְהִי־נַעַר

ה) וְהוּא לֵוִי

ו) וַיֵּלֶךְ עַד־בֵּית מִיכָה

ז) וַיֹּאמֶר־לוֹ מִיכָה

ח) הֱיֵה־לִי לְכֹהֵן

ט) וְאָנֹכִי אֶתֶּן־לְךָ עֲשֶׂרֶת כֶּסֶף וּבֶגֶד לִלְבֹּשׁ

י) וַיֵּשֶׁב הַלֵּוִי אֶת־הָאִישׁ

יא) וַיִּבְטַח־בּוֹ מִיכָה

יב) וַיִּשְׁכַּח אֶת־יְהוָה

יג) בַּיָּמִים הָהֵם אֵין מֶלֶךְ בְּיִשְׂרָאֵל

יד) וַיָּבֹאוּ חֲמֵשֶׁת בְּנֵי־חַיִל מִשֵּׁבֶט הַדָּנִי

טו) וַיֹּאמְרוּ לַכֹּהֵן

טז) הֲטוֹב הֱיוֹתְךָ כֹהֵן לְבֵית אִישׁ אֶחָד אוֹ לְשֵׁבֶט

יז) וַיִּשְׂמַח הַכֹּהֵן

יח) וַיִּבְחַר בָּהֶם

יט) וַיַּעֲזֹב אֶת־מִיכָה

כ) וַיֹּאמֶר מִיכָה

כא) מַה־לִּי עוֹד

Reading

6b Translation

6a Translation

6c Translation

6 Research

7

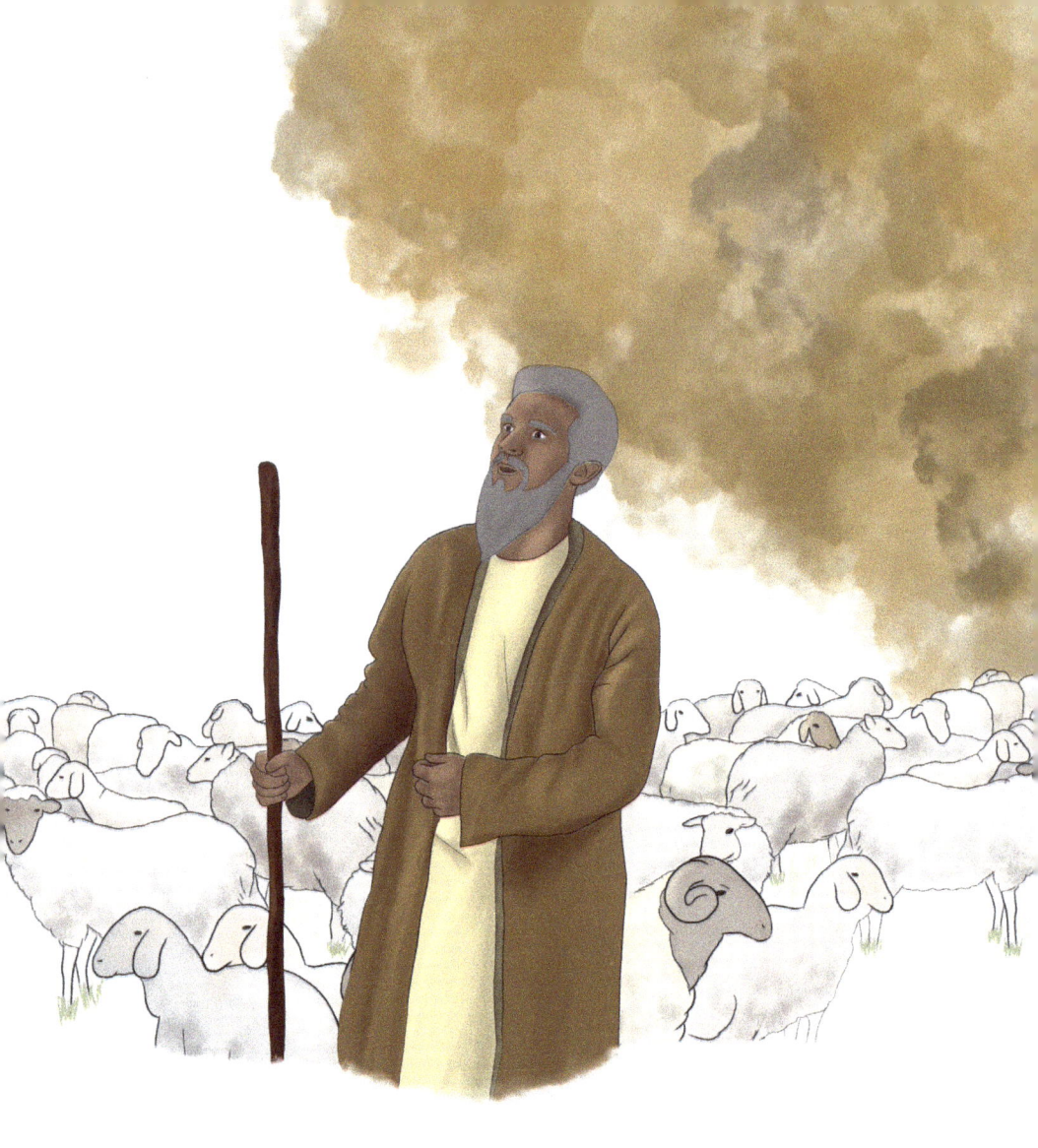

מֹשֶׁה הָיָה רֹעֶה צֹאן

וַיּ֫גֶל יְהוָה אֶת־אָזְנוֹ לֵאמֹר

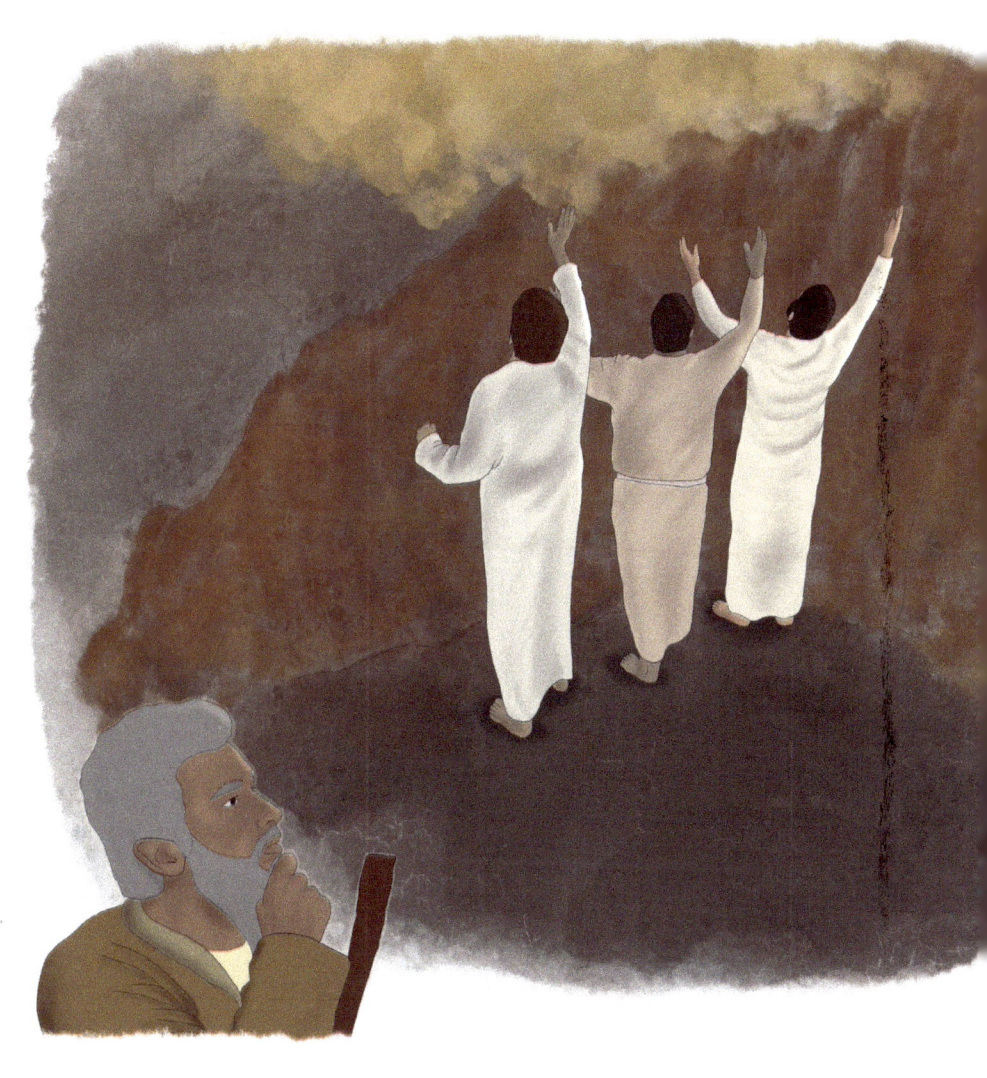

עַמּי יַעַבְד֫וּנִי עַל הָהָר הַזֶּה

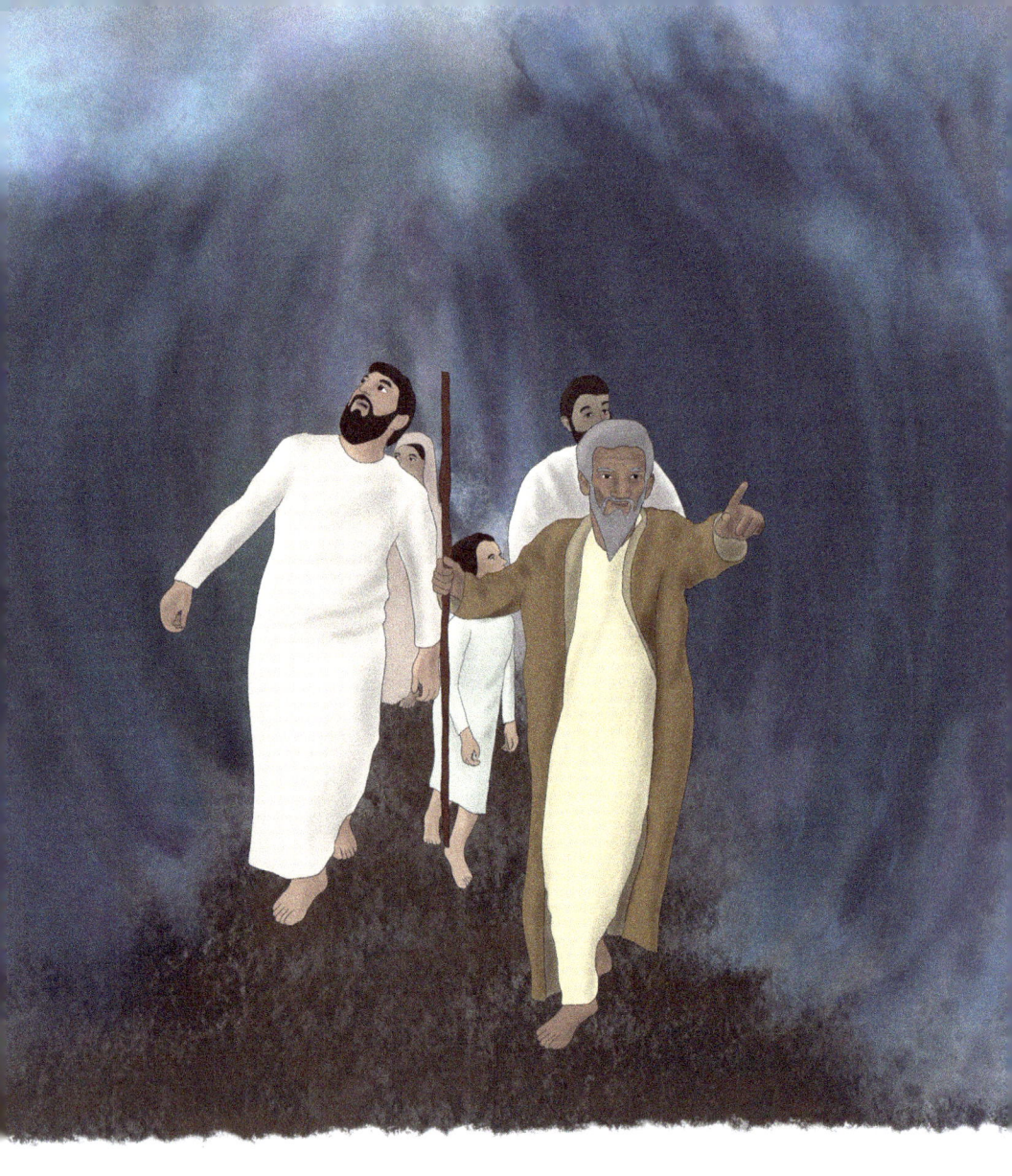

וַיְהִי מִיָּמִים רַבִּים

וַיֵּצְאוּ כׇּל־עֲדַת בְּנֵי־יִשְׂרָאֵל מִמִּצְרָ֫יִם

וַיַּחֲנוּ בַּמִּדְבָּר עַל־פִּי יְהוָה

וְאֵין מַ֫יִם לִשְׁתֹּת הָעָם
וַיֵּבְךְּ הָעָם לִפְנֵי מֹשֶׁה

וַיֹּאמְרוּ
תְּנוּ־לָנוּ מַיִם

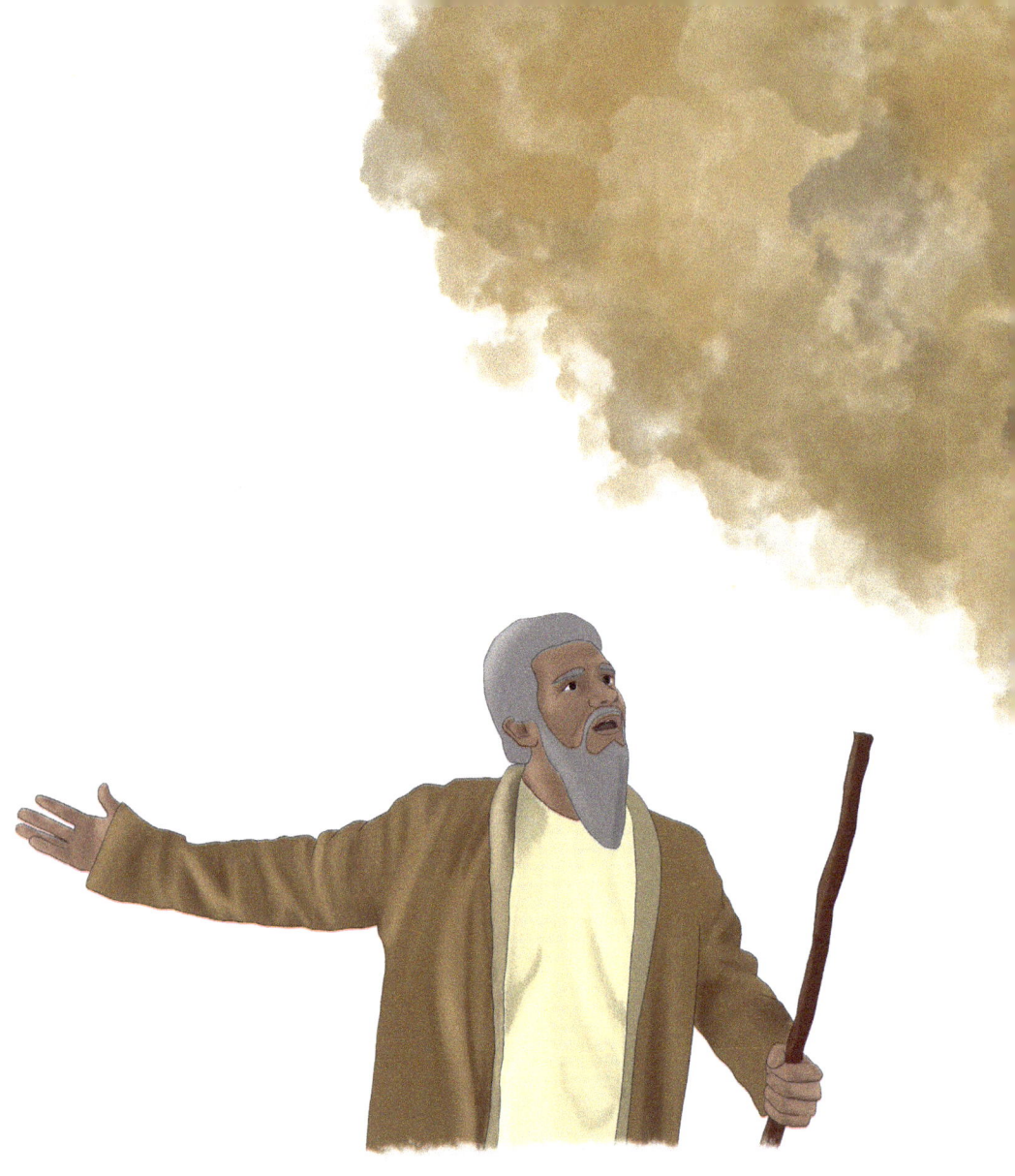

וַיִצְעַק מֹשֶׁה אֶל־יְהוָה לֵאמֹר
מָה אֶעֱשֶׂה לָעָם הַזֶּה

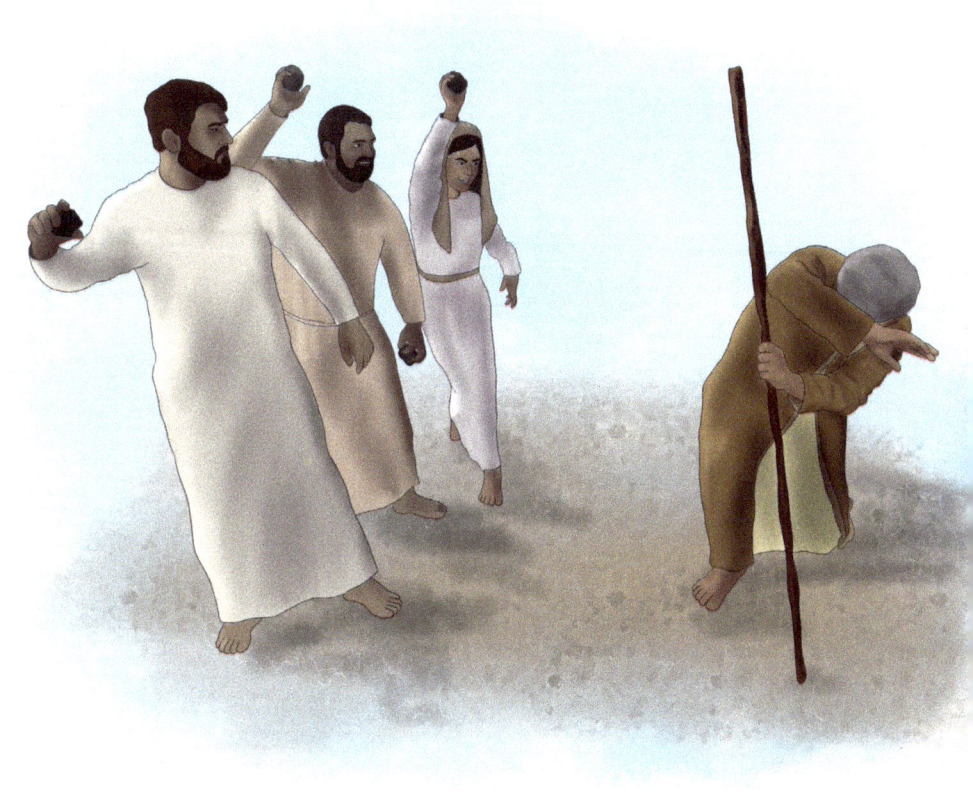

כִּמְעַט יִסְקְלֻנִי

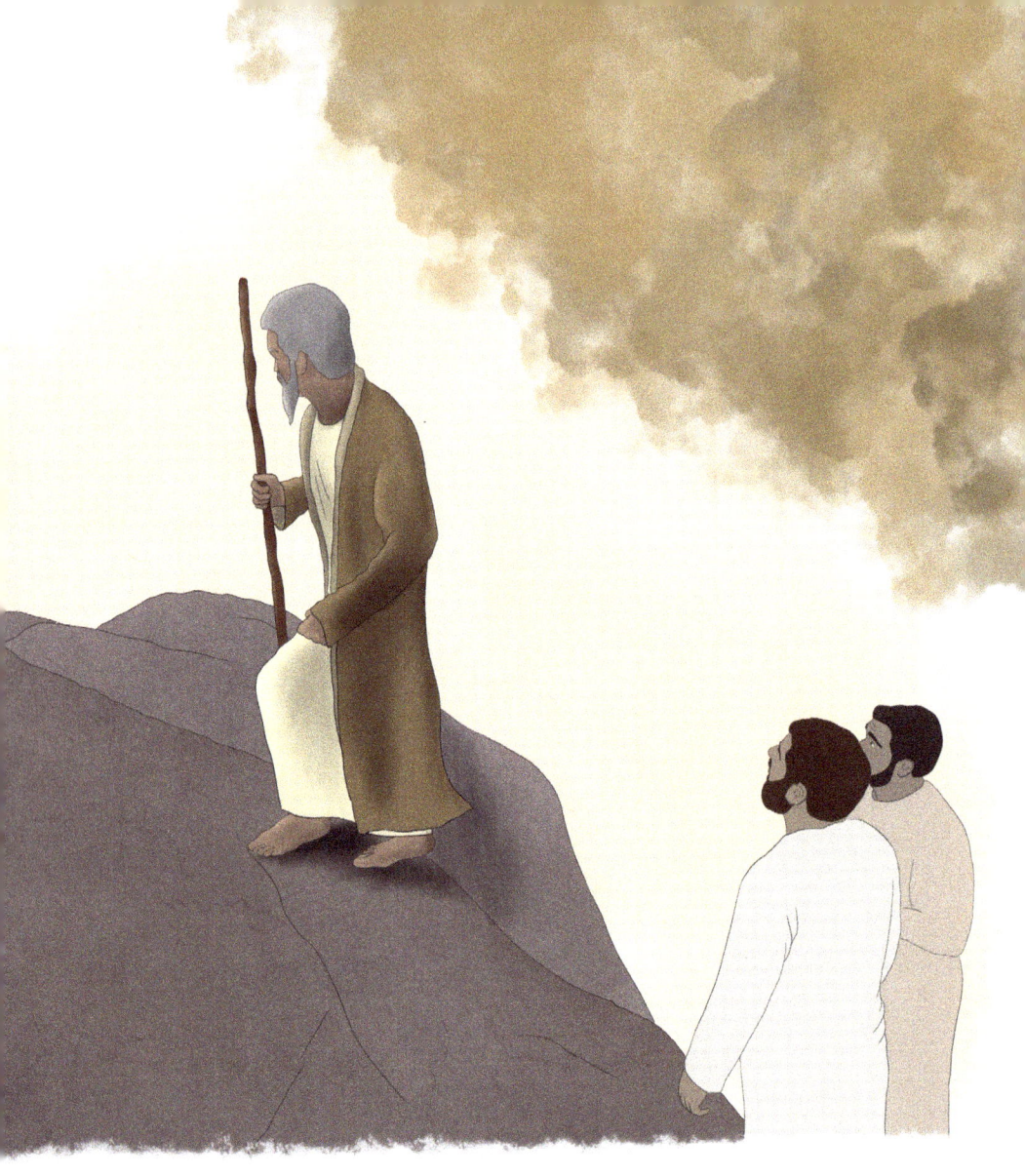

וַיַּעֲנֵ֫הוּ יְהוָה וַיֹּ֫אמֶר

עֲלֵה לִפְנֵי הָעָם

וְקַח מַטְּךָ

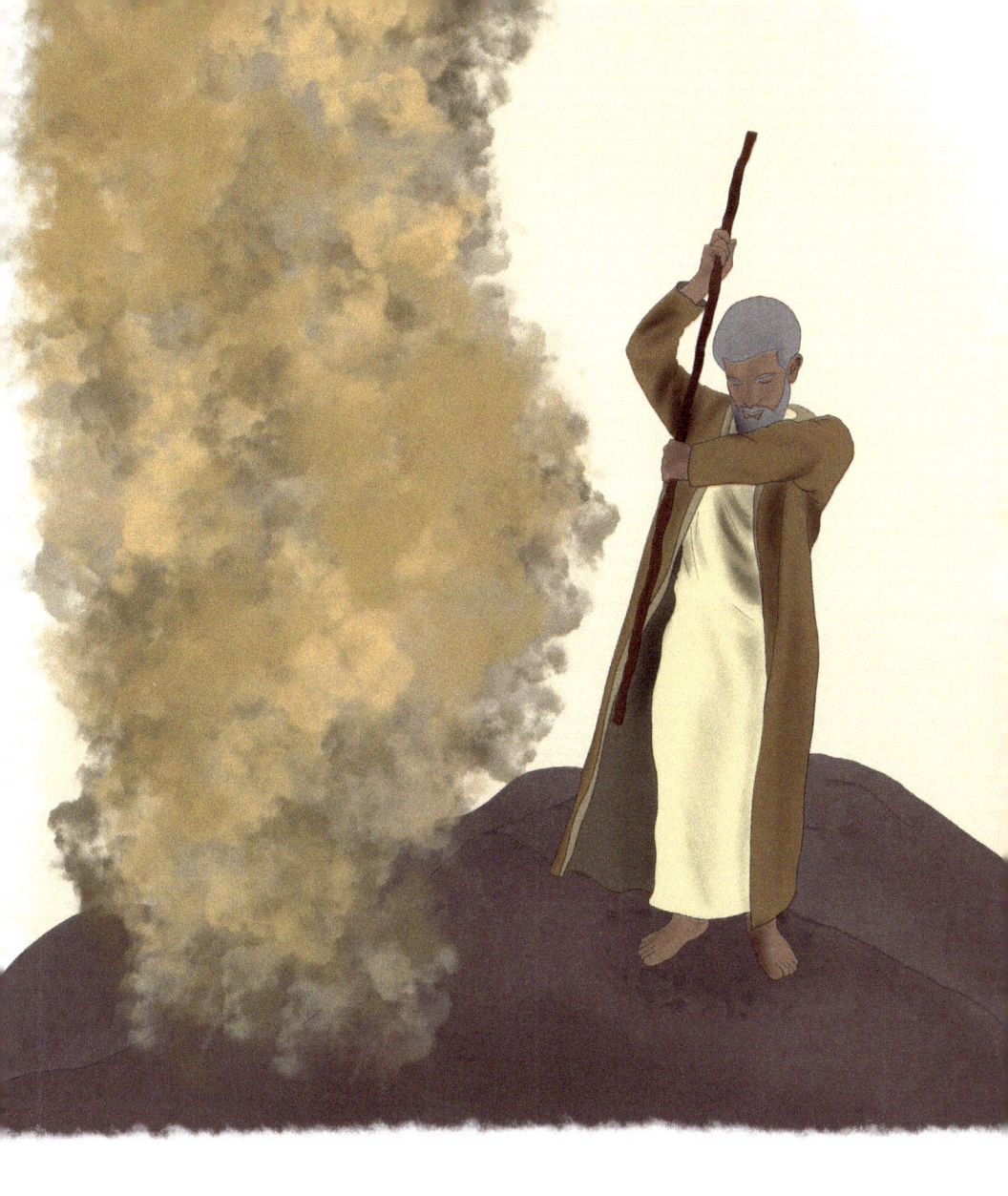

הִנְנִי עֹמֵד לְפָנֶ֫יךָ עַל־הַצּוּר

וְאַתָּה הַכֵּה בַצּוּר

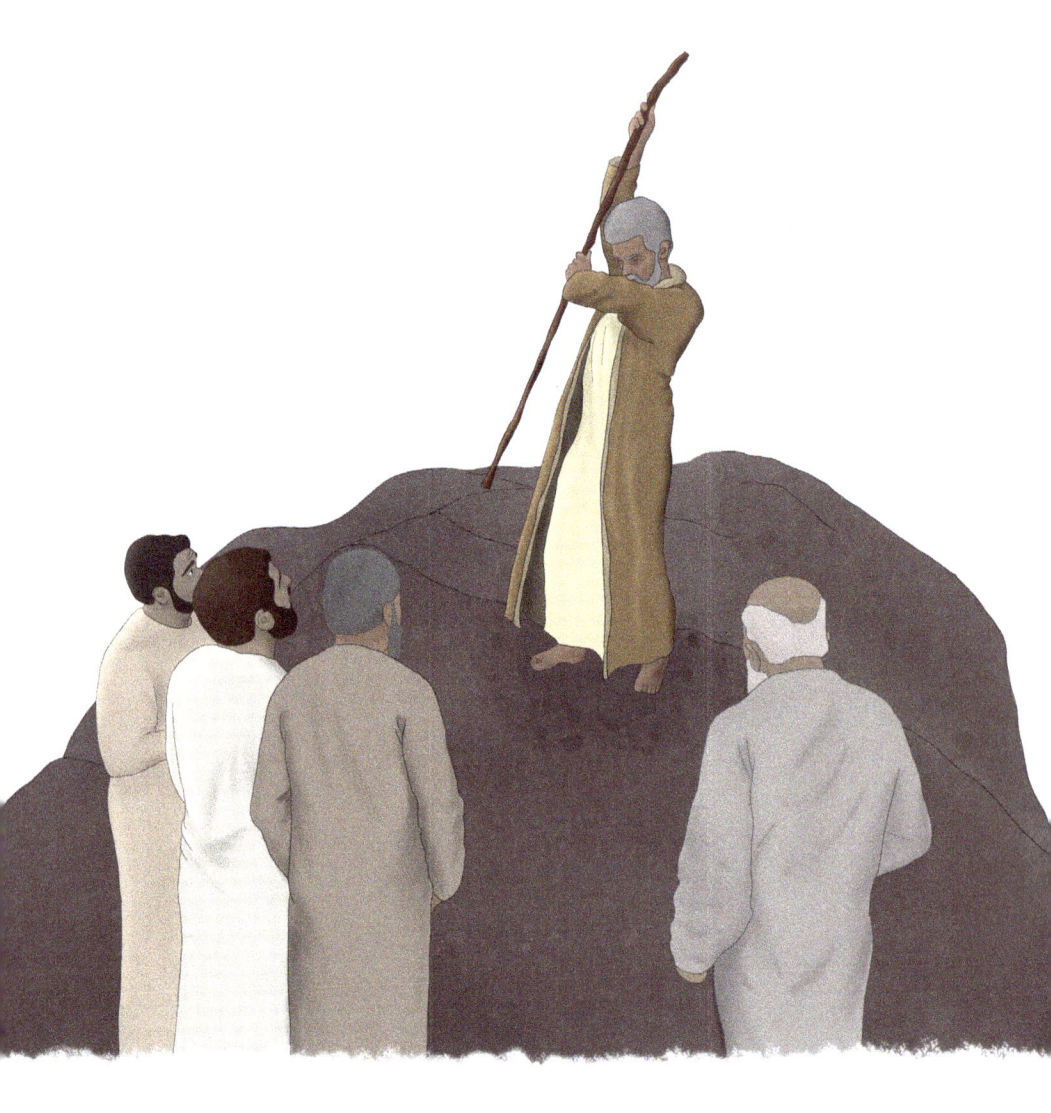

וַיַּ֫עַשׂ כֵּן מֹשֶׁה לְעֵינֵי זִקְנֵי יִשְׂרָאֵל

וַיֵּצְאוּ מַ֫יִם

וַיֵּשְׁתְּ הָעָם

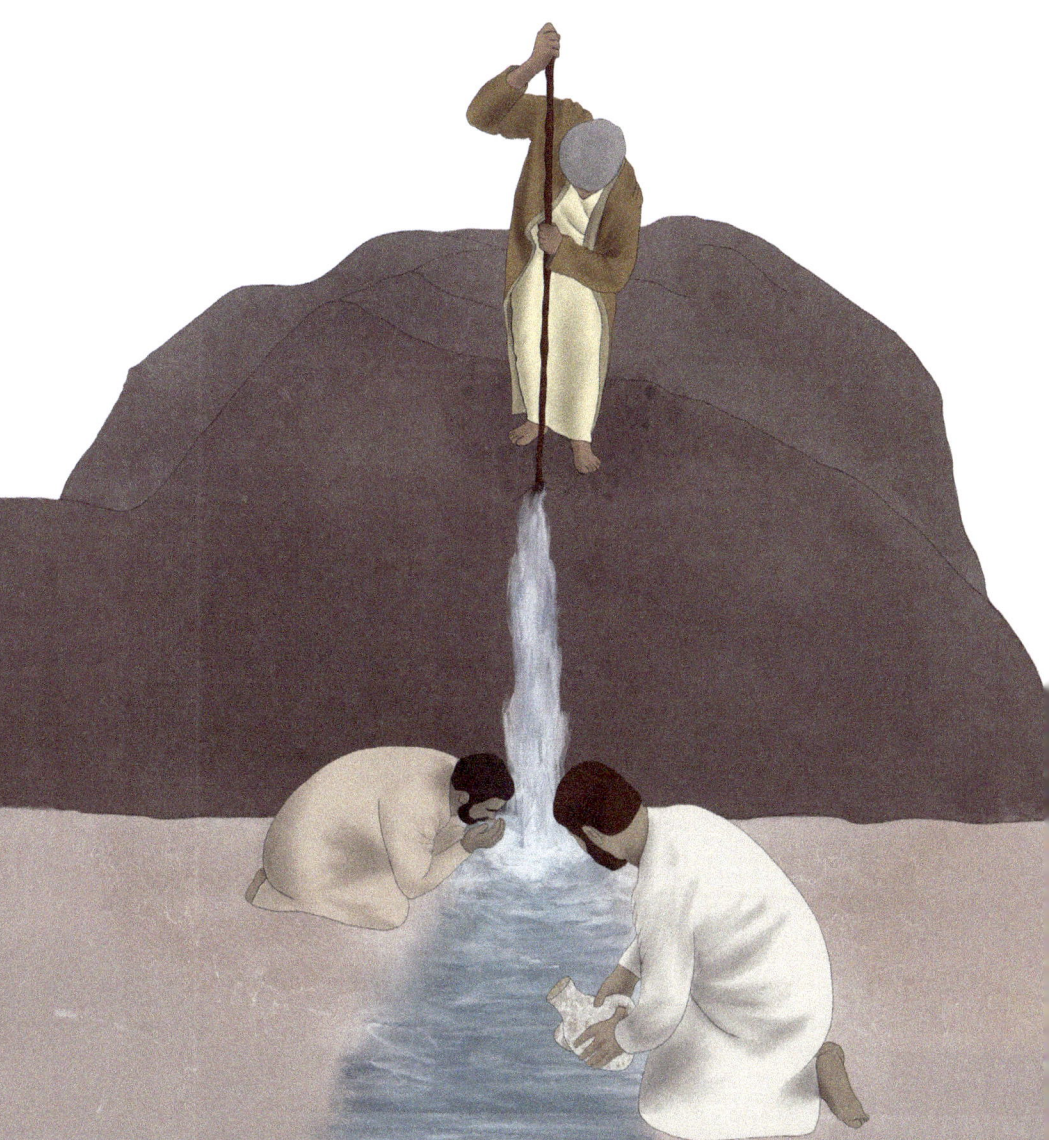

Acting

(7a) Moses Strikes the Rock

Teaching

ה) וַיֵּצְאוּ כָּל־יִשְׂרָאֵל מִמִּצְרָ֫יִם

ח) וַיֵּבְךְּ הָעָם לִפְנֵי מֹשֶׁה בַּמִּדְבָּר

י) וַיִּצְעַק מֹשֶׁה אֶל־יְהוָה לֵאמֹר

יב) כִּמְעַט יִסְקְלֻ֫נִי

יג) וַיַּעֲנֵ֫הוּ יְהוָה וַיֹּ֫אמֶר

יז) הַכֵּה בַצּוּר

יח) וַיַּ֫עַשׂ כֵּן מֹשֶׁה לְעֵינֵי הַזְּקֵנִים

Reading

Acting

(7b) Moses Strikes the Rock

Teaching

ב) וַיְּגַל יְהוָה אֶת־אֹזֶן מֹשֶׁה לֵאמֹר

ג) עַמִּי יַעַבְדוּנִי

ד) וַיְהִי מִיָּמִים רַבִּים

ה) וַיֵּצְאוּ כָּל־יִשְׂרָאֵל מִמִּצְרָיִם

ו) וַיַּחֲנוּ בַּמִּדְבָּר

ז) וְאֵין מָיִם

ח) וַיֵּבְךְּ הָעָם לִפְנֵי מֹשֶׁה

י) וַיִּצְעַק מֹשֶׁה אֶל־יְהוָה לֵאמֹר

יא) מָה אֶעֱשֶׂה לָעָם הַזֶּה

יב) כִּמְעַט יִסְקְלֻנִי

יג) וַיַּעֲנֵהוּ יְהוָה וַיֹּאמֶר

יד) עֲלֵה לִפְנֵי הָעָם

יה) וְקַח מַטְּךָ

יז) וְהַכֵּה בַצּוּר

יח) וַיַּעַשׂ כֵּן מֹשֶׁה לְעֵינֵי זִקְנֵי יִשְׂרָאֵל

יט) וַיֵּצְאוּ מָיִם

Reading

Acting

(7c) Moses Strikes the Rock

Teaching

א) מֹשֶׁה הָיָה רֹעֶה צֹאן

ב) וַיְּגֶל יְהוָה אֶת־אָזְנוֹ לֵאמֹר

ג) עַמִּי יַעַבְדוּנִי עַל הָהָר הַזֶּה

ד) וַיְהִי מִיָּמִים רַבִּים

ה) וַיֵּצְאוּ כָּל־עֲדַת בְּנֵי־יִשְׂרָאֵל מִמִּצְרָיִם

ו) וַיַּחֲנוּ בַּמִּדְבָּר עַל־פִּי יְהוָה

ז) וְאֵין מַיִם לִשְׁתֹּת הָעָם

ח) וַיֵּבְךְּ הָעָם לִפְנֵי מֹשֶׁה וַיֹּאמְרוּ

ט) תְּנוּ־לָנוּ מַיִם

י) וַיִּצְעַק מֹשֶׁה אֶל־יְהוָה לֵאמֹר

יא) מָה אֶעֱשֶׂה לָעָם הַזֶּה

יב) כִּמְעַט יִסְקְלֻנִי

יג) וַיַּעֲנֵהוּ יְהוָה וַיֹּאמֶר

יד) עֲלֵה לִפְנֵי הָעָם

יה) וְקַח מַטְּךָ

יו) הִנְנִי עֹמֵד לְפָנֶיךָ עַל־הַצּוּר

יז) וְאַתָּה הַכֵּה בַצּוּר

יח) וַיַּעַשׂ כֵּן מֹשֶׁה לְעֵינֵי זִקְנֵי יִשְׂרָאֵל

יט) וַיֵּצְאוּ מַיִם

כ) וַיֵּשְׁתְּ הָעָם

Reading

7b Translation

7a Translation

7c Translation

7 Research

8

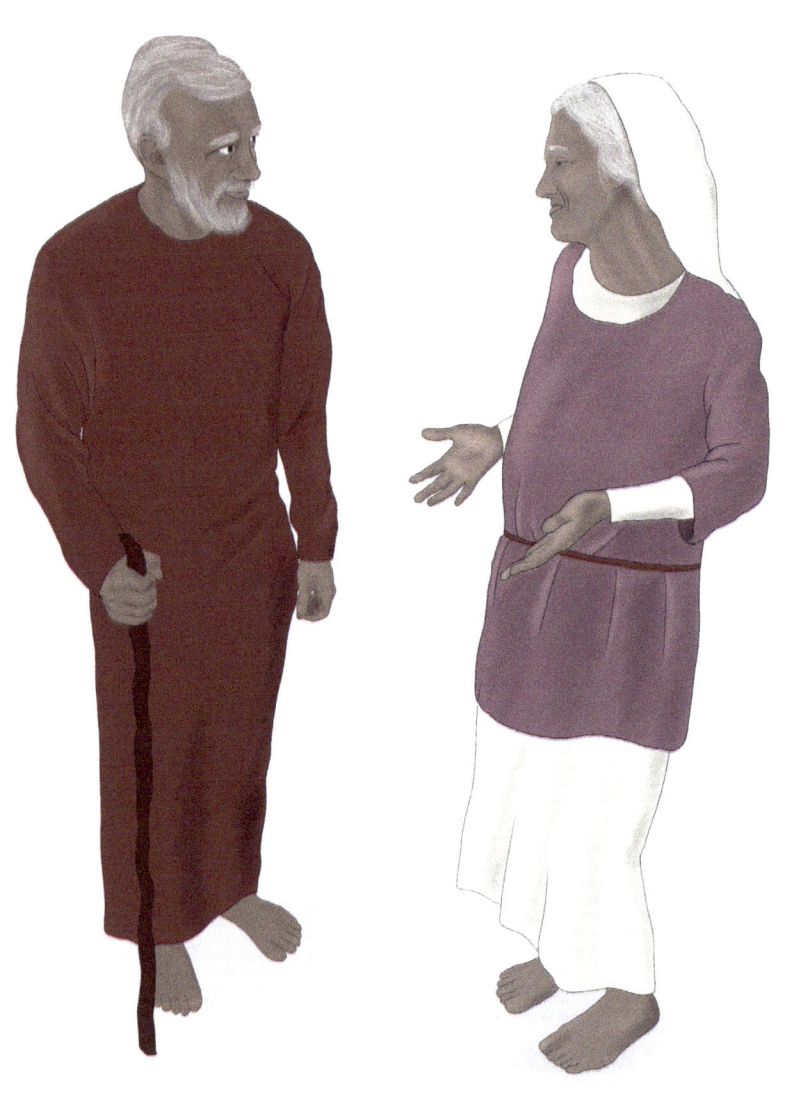

לֹא־הָיָה לְאַבְרָם בֵּן לָרֶ֫שֶׁת אֹתוֹ

וַתֹּאמֶר שָׂרַי אֶל־אַבְרָם
קַח־נָא אֶת־שִׁפְחָתִי לְאִשָּׁה

וַיִּיטַב הַדָּבָר בְּעֵינֵי אַבְרָם

וַתֵּלֶד הָגָר בֵּן

וַיְהִי אַבְרָהָם בֶּן־תִּשְׁעִים שָׁנָה וְתֵשַׁע שָׁנִים

וַיֵּרָא אֵלָיו יְהוָה
וְהוּא יֹשֵׁב פֶּתַח־הָאֹהֶל

וַיַּרְא וְהִנֵּה שְׁלֹשָׁה אֲנָשִׁים

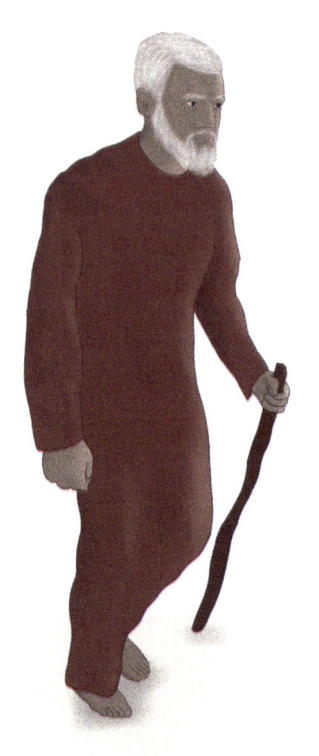

וַיֵּצֵא
וַיֵּ֫רֶד לִקְרָאתָם

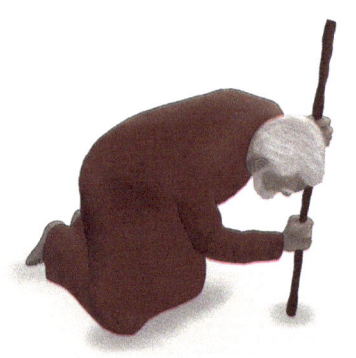

וַיִּשְׁתַּ֫חוּ

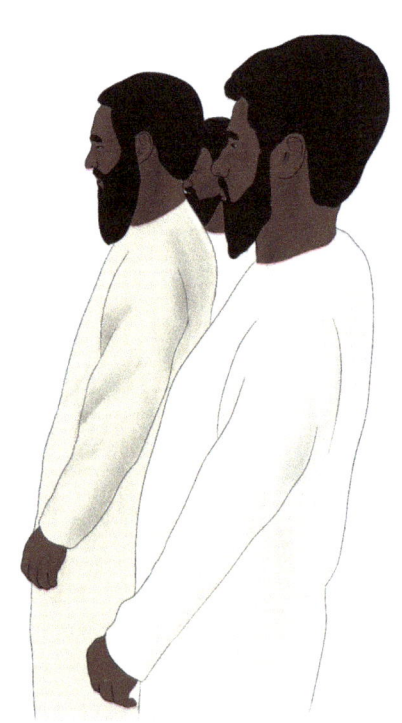

וַיְבִיאֵם לָשֶׁבֶת תַּחַת עֵץ

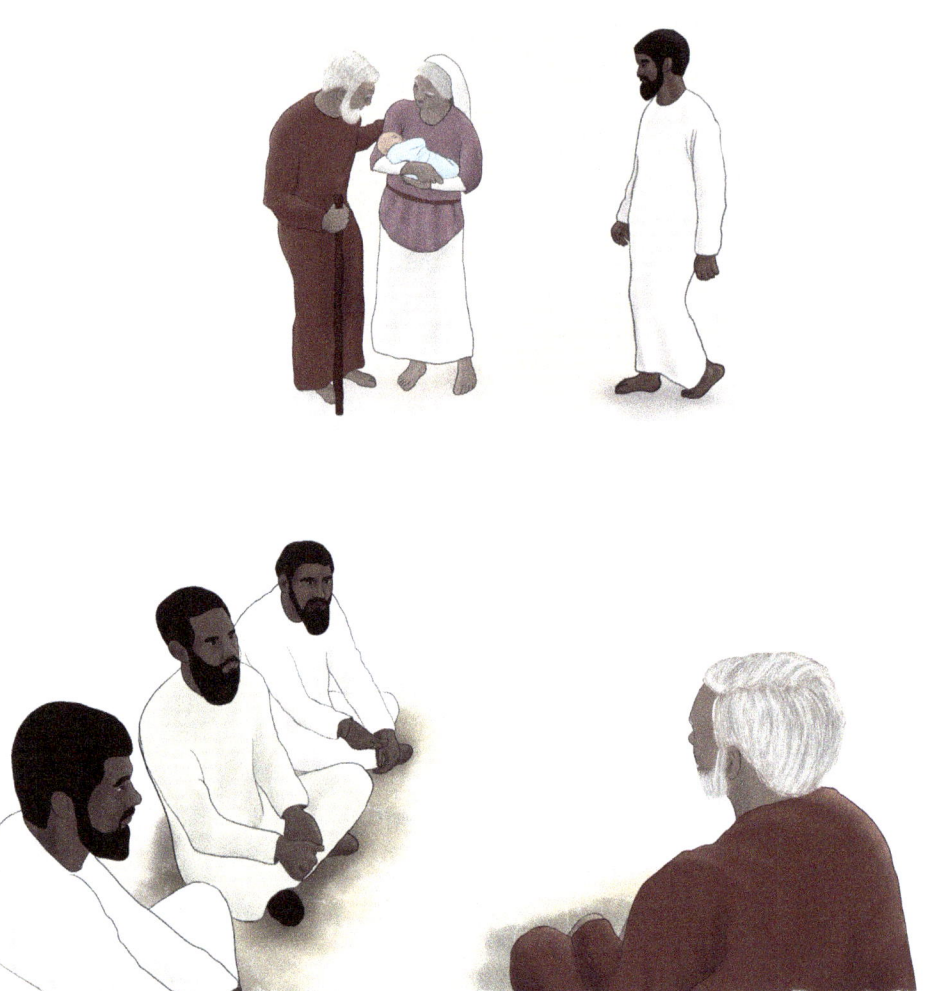

וַיֹּ֫אמֶר יְהוָה

שׁוֹב אָשׁוּב אֵלֶ֫יךָ כָּעֵת חַיָּה

וְהִנֵּה־בֵן לְשָׂרָה

וַתִּצְחַק שָׂרָה בְּקִרְבָּהּ
וַיֵּדַע יְהוָה

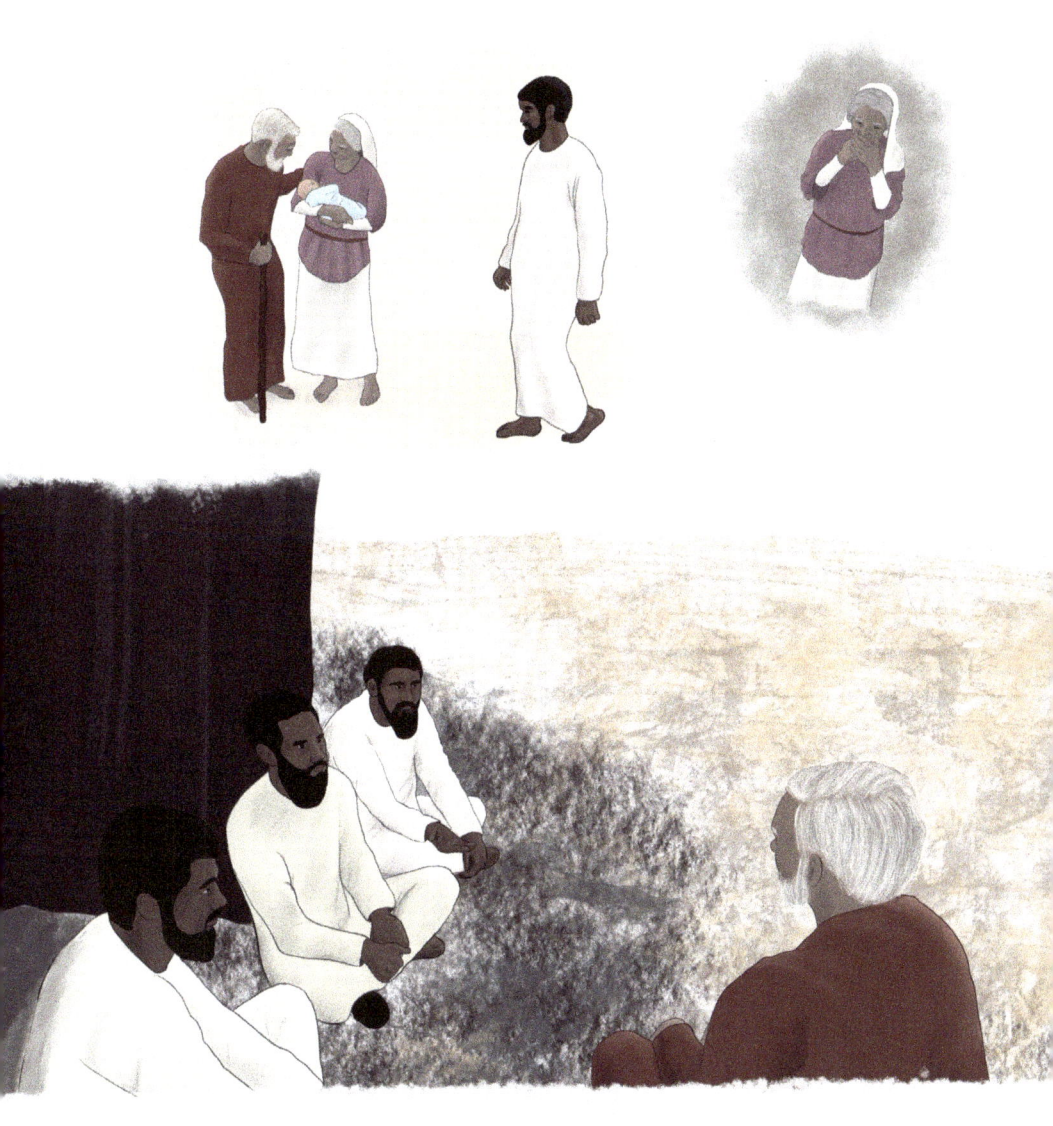

וַיֹּאמֶר אֶל־אַבְרָהָם

לָמָּה זֶה צָחֲקָה שָׂרָה

לַמּוֹעֵד אָשׁוּב

וַתְּכַחֵשׁ שָׂרָה לֵאמֹר
לֹא צָחַקְתִּי
כִּי יָרֵאָה

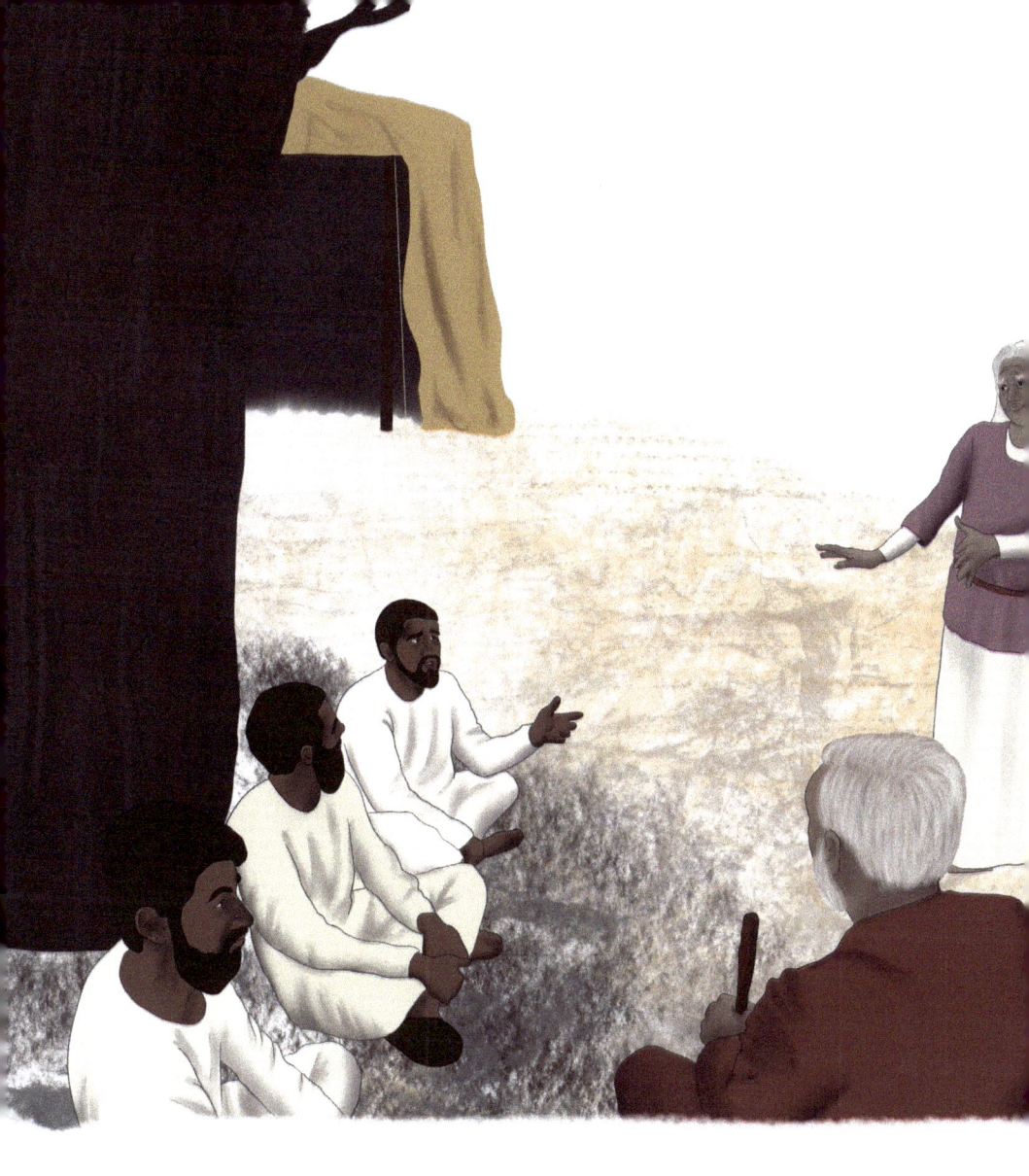

וַיֹּ֫אמֶר

לֹא

כִּי צָחָֽקְתְּ

(8a) Abram and the Heir

Acting

Teaching

ו) וַיְהִי אַבְרָהָם בֶּן־תִּשְׁעִים שָׁנָה וְתֵשַׁע שָׁנִים

ז) וַיֵּרָא אֵלָיו יְהוָה

ח) וְהוּא יֹשֵׁב בָּאֹהֶל

יד) וַיֹּאמֶר יְהוָה

יה) אָשׁוּב כָּעֵת חַיָּה

יו) וְהִנֵּה־בֵן לְשָׂרָה

יז) וַתִּצְחַק שָׂרָה

יח) וַיֵּדַע יְהוָה

יט) וַיֹּאמֶר

כא) לַמּוֹעֵד אָשׁוּב

Reading

(8b) Abram and the Heir

Acting

Teaching

ב) וַתֹּאמֶר שָׂרַי אֶל־אַבְרָם

ג) קַח־נָא אֶת־שִׁפְחָתִי לְאִשָּׁה

ה) וַתֵּלֶד הָגָר בֵּן

ו) וַיְהִי אַבְרָהָם בֶּן־תִּשְׁעִים שָׁנָה וְתֵשַׁע שָׁנִים

ז) וַיֵּרָא אֵלָיו יְהוָה

ח) וְהוּא יֹשֵׁב בָּאֹהֶל

י) וַיֵּצֵא

יא) וַיֵּרֶד לִקְרָאתוֹ

יג) וַיֵּשְׁבוּ תַּחַת עֵץ

יד) וַיֹּאמֶר יְהוָה

יה) שׁוֹב אָשׁוּב אֵלֶיךָ כָּעֵת חַיָּה

יו) וְהִנֵּה־בֵן לְשָׂרָה

יז) וַתִּצְחַק שָׂרָה בְּקִרְבָּהּ

יח) וַיֵּדַע יְהוָה

יט) וַיֹּאמֶר אֶל־אַבְרָהָם

כ) לָמָּה זֶּה צָחֲקָה שָׂרָה

כא) לַמּוֹעֵד אָשׁוּב

Reading

Acting

(8c) Abram and the Heir

Teaching

א) לֹא־הָיָה לְאַבְרָם בֵּן לָרֶ֫שֶׁת אֹתוֹ

ב) וַתֹּ֫אמֶר שָׂרַי אֶל־אַבְרָם

ג) קַח־נָא אֶת־שִׁפְחָתִי לְאִשָּׁה

ד) וַיִּיטַב הַדָּבָר בְּעֵינֵי אַבְרָם

ה) וַתֵּ֫לֶד הָגָר בֵּן

ו) וַיְהִי אַבְרָהָם בֶּן־תִּשְׁעִים שָׁנָה וְתֵ֫שַׁע שָׁנִים

ז) וַיֵּרָא אֵלָיו יְהוָה

ח) וְהוּא יֹשֵׁב פֶּ֫תַח־הָאֹ֫הֶל

ט) וַיַּרְא וְהִנֵּה שְׁלֹשָׁה אֲנָשִׁים

י) וַיֵּצֵא

יא) וַיֵּ֫רֶד לִקְרָאתָם

יב) וַיִּשְׁתַּ֫חוּ

יג) וַיְבִיאֵם לָשֶׁ֫בֶת תַּ֫חַת עֵץ

יד) וַיֹּ֫אמֶר יְהוָה

יה) שׁוֹב אָשׁוּב אֵלֶ֫יךָ כָּעֵת חַיָּה

יו) וְהִנֵּה־בֵן לְשָׂרָה

יז) וַתִּצְחַק שָׂרָה בְּקִרְבָּהּ

יח) וַיֵּ֫דַע יְהוָה

יט) וַיֹּ֫אמֶר אֶל־אַבְרָהָם

כ) לָ֫מָּה זֶּה צָחֲקָה שָׂרָה

כא) לַמּוֹעֵד אָשׁוּב

Reading

8b Translation

8a Translation

כב) וַתַּעַן שָׂרָה לֵאמֹר

כג) לֹא צָחַקְתִּי

כד) כִּי יָרֵאָה

כה) וַיֹּאמֶר

כו) לֹא

כז) כִּי צָחָקְתְּ

8c Translation

8 Research